從一本帳
看懂經濟學

揭開人生和財富的奧祕

朱雲鵬———著

五南圖書出版公司 印行

謹以本書獻給已故的王昭明先生

（前行政院政務委員、行政院祕書長、行政院經建會

副主任委員）

推薦序

本書建構「台灣社會會計帳」以彌補傳統經濟學教學之不足

華而誠

　　朱雲鵬教授著作這本書的目的在嘗試突破傳統經濟學教學的陷阱。這是什麼樣的陷阱呢？就是很可能在學了宏觀經濟學、微觀經濟學之後，仍然不了解當前經濟社會上重要及獨特的現象，或者對之無感。這是一個很可惜的、不應該有的遺漏。因為社會上主要的經濟現象和我們的生活是息息相關的。不了解這些現象，對個人及社會都是重大的損失；個人生活財務規劃無法避凶迎吉，政府則無法制定適當的公共政策來解決重要的社會問題。本書建構了「台灣社會會計帳」，引用了韓國的「金融社會會計帳」，並以動態「社會人」（政府、居民）的行為來解釋靜態會計帳所反映的當前台灣社會及經濟問題，尋求解決之道以化解潛在危機，用以彌補傳統經濟學教學之不足。

　　本書首先從一標準家庭的收支帳分析開始，指出了台灣房價過高，一般年輕百姓愈來愈買不起房的普遍現象。那為什麼年輕人儲蓄投資買房，卻跟不上房價的上漲呢？主要的原因是長期的低（實質）利率刺激了購房自住相對於租房的需求；因為購房支出比租金

便宜。這個過程推動房價格持續上漲，終於導致了房價過高，超過一般人的購買能力，只有租房而居了。

　　高房價呼應了「有土斯有財」的說法。本書順勢分析了2020年底的台灣財富結構。不意外地發現房地產占台灣總財富的71.3%。而政府則是房地產的最大戶，占了其中的36.7%（應該包括了大量的基礎建設用地）。其次是家庭及非營利機構，占33.4%。因此，高房價成為百姓貧富差距愈來愈大的主要原因之一。

　　美國富人的主要財產則來自股票，其次為房產；同樣的，股票價格亦受惠於長期的低利率。當前美國的高房價除了受惠於低利率之外，還有高建築成本及估計不足。供給受限的原因：怕影響房價，房價高，有土地資源的郊區多半禁止建築多單位、多樓層較廉價的居民住房。這就更加劇了社會上的貧富差距。

　　因此，台灣政府這地產大戶，應該思考如何提供其土地資源以增加房產的供給來穩定房價，助力於年輕人購房。

　　台灣社會上貧富差距愈來愈大也反映於收入分配不均擴大：勞動者在要素所得初次分配收入（不計折舊）得到的比率，從1981年的63.2%持續下降到2020年的56.6%。相對應的是，資本所分配到的份額持續上升。這也是發達資本主義市場經濟體的普遍現象，可能還

更爲嚴重。美國中產階級的實值收入增長幾乎停滯：1979到2019年實值每週工資（中位數）平均年增長率僅0.1%。主要的原因是勞方未得到合理的報酬：實值勞動報酬的增長率長期低於勞動生產率的增長率。反映了工人階級相對企業資本階層薄弱的議價能力。工人階級不滿所形成的「民粹主義」，協助了川普（Donald Trump）於2016年打敗建制派（establishment）當選美國總統。隨後他即刻把美國自二戰後領導建立的多個多邊體系退出，走向了單邊主義。因爲，美國兩黨都把這個工人階級不滿的現象歸罪於全球化的自由貿易：企業是全球化中唯一的獲利者。這個看法至今沒變！

本書把國民所得帳戶、產業關聯表（2016年）擴展到建立了一個獨特的「台灣社會會計帳」。這個帳戶指出了2019到2020年經濟成長的主要動力來自中間消費多使用國產品，也就是中間消費以國產品取代了進口。而非一般依據國民所得帳戶的恆等式：

GDP＝家計消費＋政府消費＋投資＋淨出口（出口減進口）

這反映了「台灣社會會計帳」可以從分析宏觀經濟擴展到經濟結構。

2020年「台灣社會會計帳簡表」指出和GDP無關的房地產交易主宰了經濟活動。社會經濟活動主流的生

產和勞動反而淪為配角。1992年官方最後一次編製的「非金融性資本流量表」，也已經指出了家庭最主要的投資活動就是買賣房地產。

本書分析了韓國2019年的「金融社會會計帳」，一個整合了經常帳、資本帳、金融帳的大表，得出了和台灣相似的結論：有土斯有財、金融交易凌駕生產性交易之上、薪資上升的速度跟不上房地產漲價幅度。只是韓國更糟，導致執政黨總統候選人在2022年的大選中落敗。

那麼，在以上分析的經濟活動中，貨幣政策及金融仲介扮演了什麼樣的角色？本書指出：因為貨幣流通速度不穩定，使得貨幣數量與通貨膨脹率呈現了極不穩定的關係。米爾頓・傅利曼（Milton Friedman）建立的貨幣數量學說因之失效。美國中央銀行（Federal Reserve）從1980年代中期開始放棄了貨幣數量學說：貨幣政策直接調控的指標不再是貨幣數量，而是聯邦基準利率（Federal funds rate），直到今日。主要的改變原因是金融創新使得貨幣數量這個概念產生了極大的不確定性：貨幣數量目標從M1改到M2、M3、M4、M5、M6……聯邦基金利率的變化直接影響到10年期國債利率，進而影響銀行貸款利率及銀行的信貸數量。這正是貨幣政策透過金融中介來影響實體經濟的傳導機制。

根據韓國2019年的「金融社會會計帳」，書中創建了一個韓國2019年「模擬金融社會會計帳」。其中，假設銀行扮演完全仲介角色；銀行專注於存款及銀行放款業務，不做金融資產買賣交易業務。並將「實際金融資產增加總額」除以「虛擬金融資產增加總額」定義爲「金融相對密度」。因此，「金融相對密度」的數值高／低，就表示金融的虛擬性強／弱。韓國的數值等於0.76。

　　台灣統計單位不如韓國，自2001年起沒有資金運用帳（flow of funds table），就無法編製「金融社會會計帳」。很可惜，不能做類比的分析來了解台灣金融體系的虛擬性強弱程度。

　　如果一國金融體系的「金融相對密度」數值高，產生了過多和GDP交易沒有關係的金融交易。這個虛擬性強的金融體系就可能造成金融市場價格的泡沫化，形成系統性金融風暴。美國2008年產生的房地產次貸危機（sub-prime crisis），外溢爲全球金融風暴，正是這樣一個不幸的例子。次貸（sub-prime loan）的初創階段被視爲是金融創新。因爲，這個信貸產品可以使原來信用不達標的房地產信貸客戶獲得貸款購買房地產。銀行則可以透過貸款資產證券化，把房地產貸款及其風險轉移到金融市場。因此，銀行就不如以往關

注信貸風險。銀行賣掉房地產貸款收回的資金可以再做貸款。

在家庭儲蓄率及銀行存款低的美國，銀行可以用這個金融產品與操作來增加房地產放款及利潤。這個房貸循環猶如「四兩撥千斤」。這就促使了房地產價格飆漲，直到房地產價格泡沫的最終破裂，房貸支持的證券化資產違約（Lehman Brothers，雷曼兄弟公司，於2008年破產），導致了銀行資不抵債的金融危機，並外溢成為全球金融海嘯。

美國房地產泡沫化的前身則是1990年初互聯網革命（Internet Revolution）最終導致了互聯網泡沫，股票價格大漲後崩盤，經濟受創。美國中央銀行於2000年元月初開始大幅調降聯邦基準利率以穩定衰退中的經濟，直到2003年底，接近於1.0%。2008年全球金融海嘯隨後的低利率環境又促使了房地產價格上漲。美國的股票及房地產這兩大資產都經歷了泡沫化，對實體經濟的穩定造成大大的衝擊；特別是2008年房地產次貸的泡沫化，導致經濟從2008年初開始衰退了18個月，直到2009年中。

書中這個獨特的分析方法也指出：為什麼當2008年金融海嘯來襲時，盧森堡的經濟遭受到了比其他國家更嚴重的衝擊。根據盧森堡全球金融海嘯的前一年，2007年的「金融社會會計帳」計算出其「金融相對密

度」高達40.78，是韓國2019年0.76的53倍。這正是反映了盧森堡已從以生產鋼鐵爲主的實體經濟，轉型爲全球金融中心。其金融體系已經以過度的金融資產交易爲主，從中獲利，而非實體經濟。「金融社會會計帳」對於掌握經濟變化及其風險披露的重要性，也就不言而喻了。

書中指出新古典理論的可計算一般均衡模型（computable general equilibrium, CGE model）中，僅考慮了政府支出及稅收的影響。因爲政府對社會、經濟的影響遠遠超出了財政的範圍。因此，CGE模型不是一個完整的經濟分析架構。在當今以市場經濟爲主題的世界經濟中，政府仍然扮演提供「公共財」（public goods）這個不可或缺的重要角色，以彌補市場經濟僅能有效率地提供私有財（private goods）的不足。「公共財」主要包括了教育、衛生，及民間資金不投資的基礎建設投資項目。當然，政府也要能夠維持金融穩定，以避免上述的金融泡沫化，造成實體經濟的衰退。如何在金融創新及金融穩定之間達到平衡，則是金融監管當局最大的挑戰。從資本主義市場經濟（capitalist market economy）發展的歷程看來，政府角色的缺失常是一國貧富、所得差距持續擴大的主要原因。當前民粹當道，分裂的美國（divided states of America）就是一個例子。

「金融社會會計帳」全面性地記錄了某一時段的社會經濟、金融交易活動。這本帳戶是靜態的，它並未說明使這個帳戶產生背後的政府、企業及居民的動態行為。因此，作者提出了要分析社會動力，或「社會力」的來源、消長與變更，才能掌握一個社會未來的發展動向。

CGE模型所忽略的政府行為正是社會力的重要組成部分。台灣政府可以透過教育手段及媒體來灌輸自己的意識型態給民眾，用以影響及控制其對政府施政的看法及選票。老百姓也不是省油的燈，窮即思變：在一個財富分配不均、不安定的社會下，苦日子過久了，必將揭竿而起！人民正是社會力的另一個重要組成部分。

兩千多年前，孟子就提出了「民為貴，社稷次之，君為輕」這一個「民貴君輕」的重要思想。意思是說，政府存在的目的就是要服務好人民。這正是「民主」，「人民當家作主」的真諦。中國歷史上朝代因揭竿而起的歷次更易，證明了「民不為主，國乃滅亡」。春秋管子的「禮義廉恥，國之四維，四維不張，國乃滅亡」，是同樣的人民社會力表現。國家領導人不可不察乎！

本書的目的正是跳出傳統經濟教學的藩籬，以一個涵蓋全社會經濟及金融活動的「金融社會會計帳」，來正確地了解老百姓實際生活的狀態，是否達到了「民主」的標準？並以此作爲政府這個社會力施政的參考。以此標準，本書的分析指出台灣當前年輕人薪水跟不上房價、養不起小孩、社會財富分配持續不均，以及停滯的兩岸關係，都是政府爲維持一個穩定的台灣社會待解決的問題。兩岸關係的重要性更是不言而喻。美國前財政部長勞倫斯‧薩默斯（Lawrence Summers）在2001年離職時，接受《華爾街日報》的阿倫‧默里（Alan Murray）訪問，談到中美關係時表示，美國政府重要的對外關係不是新聞媒體，也不是國會，而是中國。台灣更需要處理好跟對岸中國大陸之間的關係。同時，我們也期望台灣政府非常專業化的統計當局，能夠多頻率地編製本書分析依據的「台灣金融社會會計帳」，以爲分析及判斷台灣經濟發展的重要依據。在當下大數據的時代，及時、全面與精準數據的重要性不言可喻！

　　從本書中我們看到了台灣社會「危」的一面。我們不可就此僅對天長嘆，無所作爲！更要從「危」中尋找解「危」之「機」；機會常常蘊藏在危險之中。這不正是「危機」這兩個字所蘊含的智慧？不也正是本書的重大貢獻？

本人非常榮幸地有機會能為這部著作寫序。讀完這部大作之後，深深地感受到作者憂國憂民、「以天下為己任」的深厚情結。這裡所指的「天下」，不是「廟堂之上」，而是「人民」。

　　最後，1984年，本人當時仍在世界銀行工作的時候，與作者共同收到前經建會副主委葉萬安先生——台灣經濟的幕後鐵漢（見「咬定青山不放鬆」，沈珮君，2022／12／18，聯合報）——的邀請，建立了一個多部門、動態的一般均衡模型（multi-sector dynamic general equilibrium model），來分析中、長期台灣經濟結構的轉型。就一個發展中的經濟體而言，結構的轉型就是成長的故事——所謂「女大十八變」。台灣經濟成長率在1960到1989年的30年間曾經平均達到9.7%的高峰，得到「台灣經濟奇蹟」的美譽。當前台灣經濟發展已經進入成熟期，經濟結構轉型的空間已非常有限，反映於低的成長率。因此，當下更要盡量發掘台灣經濟發展的潛力。這就更彰顯了本書的重要性。

（華而誠為前世界銀行東亞經濟管理局及駐中國代表處首席經濟學家、中國建設銀行首席經濟學家）

作者序

如同華而誠博士在前序中所說，1984年，作者在中央研究院社科所任職時，和華博士同時收到前經建會副主委葉萬安先生的邀請，協助該會的部門計畫處，在趙捷謙處長的領導下，建立一個多部門、動態的一般均衡模型（multi-sector dynamic general equilibrium model），來分析中、長期台灣經濟結構的轉型。

在這之前，作者在美國馬里蘭大學寫博士論文時，就已經採用了一般均衡的思維，來分析台灣所得分配變化的趨勢；在那個時代，個人電腦剛問世、不普及，而且配合的軟體不夠，只能自己用Fortran撰寫程式，並把打好程式的卡片疊，送到學校的電腦中心排隊讓大電腦跑，隔夜等結果。

在協助經建會建立模型的期間，華博士介紹了一位曾在世界銀行工作的專家，教我們如何用GAMS（general algebraic modeling system）撰寫程式，於是漸漸了解到如何深入地用方程式描述生產、就業和分配的關係，解出一般均衡體系。

建立社會會計帳（或矩陣：social accounting accounts或social accounting matrix），是建構一般均衡模型演算的基礎作業。從那時候開始，一直到現在，

於經濟學理論和實務的研析中，我愈來愈發現，了解社會會計矩陣的編製，應該是學習經濟學的基本功。編製過這個矩陣後，一個人可以了解到一個經濟體系中生產、附加價值、分配、消費、儲蓄、進口、出口之間的整體關聯性，也可用以分析不同部門，如企業、家庭、政府間錯綜複雜的收付關係。社會會計矩陣，就像一個人的全身X光造影，對於了解人體的骨骼構造有其關鍵性。

到了後來，開始有了加入金融面的社會會計帳，叫做金融社會會計帳，那就更完整了。從金融社會會計帳去了解個體和總體經濟行為，會是一個登堂入室的捷徑。所以，我把書名定為：《從一本帳看懂經濟學》。

其實，社會會計帳的觀念，不只學經濟的人該懂，一般人也該懂。這個帳，再加上財富帳，可以讓我們了解實際社會中，市場交易的主流是什麼、家庭累積財富的主流活動是什麼，進而可以重新檢視人生的規劃，找出一條適合自己的道路。

在本書的最後，我引用美國人權鬥士金恩博士的話，來與讀者共勉。金恩博士在華盛頓林肯紀念堂前的演說，題目是「我有一個夢」。謹以這五個字，獻給所有讀者，祝福大家擁抱理想，實現人生的夢想。

＊聯絡作者，請 email 至 ypchu.cge@gmail.com

目　錄

第一章
———

本書為誰而寫？
從家庭記帳看經濟學

我們要透過社會裡實際交易和生活所
發生的帳本，來發掘一般讀本裡沒
有告訴讀者的海內外社會實況。這些
實際的狀況，也就是我們所稱的「奧
祕」，或許會讓我們的眼睛忽然一
亮，讓我們頓時想通一些事，讓我們
在人生的道路上，多了一個指引。

一、數字不會說謊？

西方有一句著名的諺語：「數字不會說謊，但是說謊者會用數字詆你」，英文是："Figures never lie, but liars will figure"。數字對我們的生活非常重要。就個人而言：許多身體狀況要靠數字來顯示；生活有諸多情境是靠數字來知道一個問題或一個機會的存在、發生和變化；也要靠數字來觀察自己的行為和決策所產生的效果。就整個社會而言，數字就更重要了：國家的興盛和衰退，要透過數字來觀察和檢驗；國家的安治，要善用數字管理的精髓和技能。

數字對我們既然這麼重要，能夠看得懂數字、判斷數字背後真正傳達的意義，不要被說謊者所騙，實在太關鍵。正確看懂數字、解讀數字，是人生必須具備的修練。

二、一對年輕夫婦的家庭記帳

載有數字的帳本有千百種，有的屬於個別的人或家庭的層次，有的屬於整個社會和國家的層次，從那開始討論好呢？

最容易入手的案例，就從「生活記帳」開始吧！

某個大城市旁邊有一個小鎮，座落在溪邊，樹葉扶疏，景色宜人。小鎮有一條主要的馬路，座落了一排

兩層樓的房子，戶戶有騎樓。其中的一戶，住了一對年輕的夫婦，鄰居稱呼他們為張先生和張太太。

張氏夫婦沒有小孩，兩個人白天都通車到城市裡工作，相當辛苦。他們還沒有自己的房子，目前是租屋居住，所以想多賺一些錢，多儲蓄一點，以便未來可以有頭期款買房子。他們想出來的方法是「斜槓收入」，就是除了正職以外，還做了一個兼業：白天各自上班，晚上則在自家門口的騎樓擺個攤子，賣雞蛋糕。

為了有計畫地規劃儲蓄，張氏夫婦認真記帳。他們用最簡單的方式，把生活上每筆收入和支出都記下來：一個月檢查一次，順便看看存摺，把當月的利息等收入也計入。

一年到了，他們把過去12個月的帳加起來，而且做了大分類，得到以下民國109年（西元2020年：本書中二者通用）的收入與支出：

收入

1. 薪資：88萬8千零93.5元。（個位數以下有小數點，是故意誇張記帳的精確程度，下文即可看出這樣做的真實用意。）
2. 賣雞蛋糕兼業利潤：22萬5千零83.9元。

3. 財產所得（利息、股利等）及移轉（贈與）收入：
   40萬6千646.5元。

合計 151萬9千823.9元

支出

1. 消費支出包含食、衣、房租、行、通信、旅遊、醫療等：96萬零37.5元。

2. 財產所得及移轉支出（含繳付綜合所得稅及勞健保）：33萬4千零52.5元。

合計 129萬4千零90元

儲蓄 等於年度收入減年度支出：22萬5千733.9元

　　這對年輕夫婦，辛苦了一年，雖然總收入達到151萬多元，但包含繳給政府的稅在內，總支出也達到129萬元，最後可以存下來的錢只有22萬多元。他們有「財產所得收入」，主要是銀行存款的利息和所擁有股票的股利；如果他們有房產或土地出租給別人，那租金收入也屬於這個項目，但是他們沒有。他們有來自父母的一筆贈與，這算是「移轉收入」。

　　他們沒有「財產所得支出」：沒有因為負債而必須付別人利息，沒有發給其他人「股利」，也沒有為了自用住宅以外的目的而付給他人租金。

三、這對年輕夫婦是台灣全體家庭的縮影

　　2020年，台灣的總戶數大約是809萬戶。如果上面所描述的年輕夫婦，可以作為一個「典型台灣家庭」，那是不是他們帳本的數字乘上809萬，就得到全體的總數了？

　　雖不中亦不遠！如果乘以1千萬，那就等於台灣全體家庭總數。因為上述的例子，就是從全體總數，除以1千萬所得到的。

　　就全體家庭而言，一般會把（服務家庭的）非營利事業機構併入計算，合稱「家庭與非營利事業機構」。民國109年全體家庭與非營利事業機構的所得收入與支出如下：

收入

1. 薪資（受僱人員報酬）：8兆8千809億3千5百萬元。

2. 兼營（非公司）事業之營業盈餘：2兆2千508億3千9百萬元。

3. 財產所得收入（股利為主、利息次之）及移轉收入（主要是社會保險給付）：4兆零664億6千5百萬元。

　合計　15兆1千982億3千9百萬元

1. 消費支出包含食、衣、住（房租）、行、通信、旅遊、醫療等：9兆6千零3億7千5百萬元。

2. 財產所得支出（利息為主）及移轉支出（勞健保費為主）：3兆3千405億2千5百萬元。

合計 12兆9千409億元

儲蓄 2兆2千573億3千9百萬元

就台灣全體家庭而言，許多家庭擁有自用住宅，和以上所舉的張氏夫婦不同，那為何以上消費支出裡，仍然用「房租」來代表「住」的消費呢？這是因為擁有自用住宅，每年所享受的住宅服務，也是一種消費。雖然沒有實際付租金，但政府統計單位會依照同類型住宅的市場上租金，來「設算」租金。租屋者付出的租金，加上自用住宅設算租金，占整體消費的比率，大約在15%-20%之間，是消費支出裡的最大項，超過第二名的食物和第三名的交通。

四、經濟學應該要描述和分析老百姓的實際生活

以上全體台灣家庭的收支，就是台灣全體家庭生活的寫照，是8百萬個家庭實際過日子的記錄。

在這些數字裡面，有血有淚，有歡樂也有悲愁。這裡面有帶家人出去旅遊的美好回憶，也有為了養家活口而爆肝工作的痛苦經歷；有聆聽樂團的娛樂消費支出，也有在醫院開刀動手術的醫療支出。

經濟學如果要和百姓的生活貼近，是不是就應當要好好地把上面所描述的百姓生活收支帳展現出來，然後從這裡開始進行分析？但市面上的經濟學讀本，有那一本是把這個老百姓的所得收支帳，放在內容裡的首要地位呢？

絕大多數經濟學讀本裡，不缺以下這樣的典型內容：

個體經濟：「小王有消費預算100元，而蘋果一顆15元，橘子一顆10元，小王要如何選擇各買蘋果和橘子多少顆？」

總體經濟：「國內生產毛額＝民間消費＋政府消費＋投資＋（出口 － 進口）；去年國內生產毛額比前年成長了5%，其中來自民間消費的貢獻是3%，來自政府消費的貢獻是0.5%，來自投資的貢獻是1%，來自出口減進口（又稱淨出口）的貢獻是0.5%。」

這些內容的撰寫，各有其用意和功能，但是不妨請問，他們和一般老百姓的實際生活有多少關聯？一般人讀經濟學可能有很多不同的目的，有人單純是為

了考試，但也有很多人是為了增長知識見聞，進而獲得人生方向的指引。如果目的是前者，而考試範圍裡沒有家庭所得收支相關議題，就不需要讀懂這個收支表。但如果目的是後者，我們建議從家庭所得收支入手。

我們會從家庭的收支開始看，進一步擴及整個社會的其他部門，並從台灣擴展到南韓和歐洲的盧森堡，再從這些案例反推回來，看我們的人生和財富，這就是作者撰寫本書的目的。我們要透過社會裡實際交易和生活所發生的帳本，來發掘一般讀本裡沒有告訴讀者的海內外社會實況。這些實際的狀況，也就是我們所稱的「奧祕」，或許會讓我們的眼睛忽然一亮，讓我們頓時想通一些事，讓我們在人生的道路上，多了一個指引。

如果你是經濟學的學生，或是研究工作者，或是相關的專業工作者，本書的分析可能讓你釐清過去的迷惘，跳脫過去的陷阱，獲得新的觀念，得到新的角度，從而更順利地達成讀懂經濟學的目標。

第二章

**有土斯有財：
從戰國時代到
2020 年皆是如此**

是故君子先慎乎德，有德此有人，
有人此有土，有土此有財，有財此
有用……

　　　　　　　　——《禮記·大學》

一、無論如何努力，收入都趕不上房價

　　上一章裡的張氏夫婦，每年儲蓄，就是希望能存錢買房，付頭期款。那他們有沒有可能在未來幾年之後，達成這樣的目標呢？

　　我們來幫他們算一算。每年儲蓄22萬元，10年才能達到220萬元，就算加了利息或股利，也就是230萬元。以一般首購房貸大約占屋價8成來說，這樣的儲蓄累積額度，勉強可以買到1,150萬元的房子。在台北市這幾乎免談了。在比較偏遠的地方，勉強找到一間，大概也就只有兩房而已。那以後生不生小孩呢？真是煩惱。

　　張氏夫婦沒有不努力，他們兩位，白天和晚上都在工作，但是從他們畢業後有工作開始，房價就是這麼貴，而且還愈來愈貴。買不起房，不是他們的錯。

　　那房價這麼高，讓一般年輕百姓愈來愈買不起的根源在那裡？

　　答案有很多，但在多數國家，有一個基本的罪魁禍首是逃不掉關係的，就是利率政策。而其最主要的源頭，就是2001年以來的美國中央銀行政策。

二、低利率政策是房價狂飆的罪魁禍首

　　依據基本經濟理論，利率本來就和資產價格有反

向的關係。原因很簡單，房屋不論是自用或出租，就是一種資產，把這個資產每年可以產生的租金收益，不論是真的出租或設算租金，除以當時的房價，就是房屋的「租金報酬率」，而利率就是用來買房的資金「成本」。如果租金報酬率在扣除房屋折舊之後，高於利率，那就趕快借錢買房，拿來租人，可以賺差價；如果低於利率，就不可能買房。

　　所以，在租金和折舊率不變的條件下，利率愈低，愈使人有動機買房，房價也就必然愈來愈貴。如果有通貨膨脹，租金在上升，房價本身也在上升，那買房的動機就會更強。這樣的動機會促使房價不斷上漲，一直要漲到「投資報酬率」在扣除折舊後已經接近利率為止。

　　利率長期走低，除非有其他景氣變動的不利因素，房價非漲不可。我們看看以下這個台灣利率（用中央銀行重貼現率代表）和台北市中古屋平均每坪單價的50年走勢圖：

台灣50年利率與房價走勢關係分析圖

━━ 台北市中古屋均價（萬／坪）　　━━ 重貼現率

圖2.1　台灣50年來利率與房價走勢圖

來源：吉家網不動產。其中2022年為第1季。

　　世界上難得有這麼明顯的趨勢：1981到1988年，利率（中央銀行重貼現率）從11.75%跌到4.5%，同期間台北市中古屋平均單價從每坪6萬漲到15萬；1988到2007年，利率從4.5%跌到3.375%，房價從每坪15萬漲到35.5萬；2007到2022年初，利率從3.375%降到1.375%，同期間台北市中古屋單價從每坪35.5萬漲到65.21萬。

　　基本上，這50年以來，利率長期趨勢是走低，而房價的長期趨勢是走高。這個情況在2001年以後更為關鍵：從這年開始，利率從來沒有回到2000年之前的高度。台灣如此，許多其他地方也是一樣。而發生這個

現象的原始推手，就是美國前央行總裁葛林斯班（A. Greenspan）：他從2000年的網路企業崩盤（dotcom bubble）到2001年的911事件期間開始，就一直壓低利率，導致房地產大漲；等他發現情況不對，開始提高利息，已經來不及了，利息才稍稍提高，美國就發生次貸危機，那時接近他任期的尾聲；他後來承認「錯了」，但錯誤已經造成，而且擴及全球，有什麼用？

他下台後不久，發生2008-2009年的大衰退，又稱金融海嘯，波及世界多數市場經濟體；接任的柏南克（B. Bernanke）大降利率，又用量化寬鬆來猛發鈔票，房地產價格開始回升，超過當初崩盤的高點。到了2020年的鮑爾（J. Powell），比葛林斯班更離譜：美國爆發新冠疫情，經濟才衰退兩個月，他就把利率降到零，而且宣布用鈔票收購公民營機構債券，「沒有上限」。2021年，美國開始發生通貨膨脹，他說那是「暫時現象」；到了2022年，通貨膨脹愈演愈烈，他被全國罵到爆，總算開始升息，但利息的絕對水準，比起通貨膨脹，還是非常低。

圖2.1的趨勢，不限於台灣，基本上美國、英國、法國、南韓⋯⋯全世界幾乎所有長期採取低利率政策的國家都產生一樣的後果。各國央行本來有權力採取和美國不一樣的利率政策，但是最後都當了幫凶，學習美國，讓利率留在低檔。只有少數國家，如南韓，

迫於房價太高，造成政治上的選舉壓力，央行才有膽量比美國早升息。但即便如此，還是來不及壓低房價；本來民調不差的文在寅總統，其政黨在2022年的總統大選中失敗，高房價就是最重要的原因之一。

基本上，以上所說的這對張氏年輕夫婦不應該怪自己，這不是他們的錯。美國利率長期走低，台灣的中央銀行又不敢走自己的路，導致台灣的利率也維持低檔。在這種情況下，出生愈晚，就愈買不起房子。這世界上有這麼不公平的「世代剝奪」嗎？就是有，而且活生生地在我們的眼前上演。

三、有土斯有財：從戰國時代到2020年的台灣皆是如此

上一章我們把重點放在家庭所得的收入和支出，這一章我們把重點放在家庭的財富。

當然，這兩件事是相關的。家庭的收入如果大於支出，就會有儲蓄，財富就會增加。收入和支出的規劃，基本上是財富規劃的先遣部隊；財富的累積和增值才是最終目標。

財富和所得是不同的觀念，財富是存量，就是累積總量，所得和儲蓄都是流量，也就是一段時間所發生的額度，前者的測量時點是某一確定時間，例如2020年底；後者的測量單位是一段時間，例如2020年一整年。

依據國富統計，2020年底的台灣全體財富總值，也就是資產扣除負債後的總金額，是218兆6,547億元。這裡面的最終所有人只有兩種，一是家庭和非營利團體，二是政府。企業雖然也可能有財富，但是最終受益人是直接或間接擁有企業所有權的自然人（及非營利團體）或政府，所以最後的財富持有人不是家庭及非營利團體，就是政府。2020年，前者占了總財富的73%，後者占了剩下的27%。

財富的組成元素有兩個，一是非金融性資產，也就是實物資產，包含土地、房屋、機器設備等，另一是金融性資產減負債。就後者而言，因為國人或境內法人彼此之間，某甲的資產，必是某乙的負債，二者相互抵銷，不構成整體社會的財富，所以本國的金融性資產減負債之中，有意義的財富必然是國人在國外部門的資產減負債；這個部分的財富不多，在2020年只有41兆3千億元。

在2020年的台灣，就全體社會而言，非金融資產則有177兆3,564億元，占全體財富的81.1%，可以說是絕大部分。用一句話來形容，就是「有實物資產斯有財」。

在實物資產裡面，價值最大的就是房地產，在2020年，用市價計算的土地（及數目極小的非土地自然資

源，以下忽略，併稱土地）共值120兆1,203億元；扣除折舊後的營建物，共值35兆8,482億元。二者合計為155兆9,685億元，占了實物資產的接近9成。如果光看土地，則占了實物資產的接近8成，而占了全台灣總財富的55%。

「有土斯有財」一語據說出自《禮記・大學》：「是故君子先慎乎德，有德此有人，有人此有土，有土此有財，有財此有用……。」原來的重點是講「德」，後來的諺語重點居然變成「財」。無論如何，這句話是來自戰國時代，離現在超過2,000年。

在2020年的台灣，這句話仍然適用：在台灣，土地就代表了一半以上的財富。土地加上其上的營建物，合稱房地產，則占了台灣總財富的71.3%。

四、政府是最大地主

房地產在誰的手上？看下面這張表就清楚：

表2.1　2020年台灣房地產的所有人

單位：億元

家庭	非營利團體	非金融企業	金融企業	政府	全體合計
484,928	35,981	433,253	32,954	572,570	1,559,685

註：土地價值按照市價計算。

來源：主計處。

政府是房地產的最大戶，可以說是全國最大的地主，占了全體房地產總值的36.7%。這有利有弊。有利的是，政府既然擁有這麼多的房地產，就算扣除像國家公園等公眾使用的土地，應該還是有很多的房地產資源可以運用吧？可不可以運用這些資源，用來填補上述所說的住宅價格「世代不正義」呢？

　　有弊之處，就是政府非常富有，掌握政府就是掌握財富。在台灣民粹政治盛行的時刻，選舉需要資源，鞏固支持者也需要資源，而掌握政府，就掌握了這些資源，於是容易形成以政府資產為核心的「金權政治」，那就慘了！許多政治人物，可能把競選公職看成是控制政府財富而讓自己富有，而非服務民眾的捷徑。

　　政府以外，家庭和非營利機構加起來，是最大的房地產所有人，大概占了全體房地產財富的33.4%；其他則是非金融企業和金融企業。不過，企業後面都有最終受益人，所以企業擁有的房地產，最後還是可以歸屬於擁有企業股權的家庭、非營利團體或者政府。但是依據以上的分析，不論企業最終的受益人是誰，不論房地產最後是屬於誰，房地產的故事就是全體台灣財富7成的故事。

大多數經濟學的讀本如果沒有告訴你以上的事實，沒有分析財富帳的重要性，沒有分析房地產在財富中的重要性，沒有分析房價，那就太過偏離百姓的生活了。

第三章

勞動和資本的分配：
社會會計帳是經濟學
的基礎

依據歐美 20 多個國家長達約 200 年的租稅收與遺產記錄，資本的報酬率通常大於整體經濟成長率，也就是說，富有者財富增生的速度大於一般人工作收入增加的速度，因此富者將愈來愈富，貧富差距將愈來愈大。

——法國，經濟學者皮凱提（T. Piketty），《二十一世紀資本論》（2014）

一、家庭薪資收入的溯源：生產與初級分配

在第一章的家庭及非營利團體收入中，最重要的來源是薪資，大約占總收入15兆元的一半。本章我們先分析，薪資從何而來，為何其總額是8兆8,800億元？

薪資源自生產活動：有生產活動才有就業，有就業就有薪資。薪資可以來自國內生產活動，也可能來自國外生產活動。2020年，國人得到來自海外生產單位所給付的薪資，共134億零1百萬元；這個數字不算太小，但相對於來自國內生產活動的薪資，則只是零頭。在2020年，後者一共有8兆8,675億元。

那國內生產活動除了支付薪資，也就是「受僱人員報酬」以外，還用到那些項目呢？列出如下：

國內生產活動的支出（民國109年）

中間消費（原料等）	20兆9,773億元
勞動報酬（薪資）	8兆8,675億元
資本報酬（營業盈餘）	6兆7,994億元
生產與進口稅	8,912億元
統計誤差	850億元
折舊提撥	3兆1,555億元
合計：總產出	**40兆7,759億元**

以上的「總產出」，就是國內從事生產商品或提供服務的各行各業，在2020年所得到的總營收。這個營收裡，大約有一半用於購買中間消費（原料、零件或服務）；剩下的金額，扣除小部分被政府課走生產與進口稅，以及政府調查無法弭平的統計誤差，共18兆8,224億元，是要分配給「生產要素」，也就是勞動和資本的總數。在2020年，這個總數中大約有47.1%分配給勞動，其餘52.9%分配給資本；後者包含資本報酬和折舊提撥（又稱「固定資本消耗」或「固定資本折耗」）。

　　2020年的折舊達3兆1,555億元，數目很大；這是一個奇妙的項目。會計上它是一種成本，因為它衡量了生產單位所使用固定資本如建築物和機器等，在這一年所消耗掉的程度。那麼廠商如何衡量固定資本的折耗程度呢？基本上就是把固定資本當初所花費的成本，除以這項固定資本預定使用的年限，也就是所謂的「攤提」：把固定資本的總成本，平均分攤到各個年度。實務上，不希望被課太多營利事業所得稅的廠商，都希望能夠快一點攤提，也就是年限愈短愈好，這樣每年分配到的折舊金額大一點，成本高一點，會計上的利潤少一點，要繳的營利事業所得稅少一點。當然，等到攤提結束，成本歸零，利潤又增加了，到

時還是要課稅，不過對廠商而言，晚繳稅一定比早繳稅好。

因為如此，政府對於各類不同固定資本都有攤提年限的規定，廠商不能任意變動。早年台灣獎勵投資、鼓勵高科技的政策工具之一，就是同意攤提年限縮短，俗稱「加速折舊」；因此而少（晚）收到的稅，等於是政府對於這些事業的補貼。

無論早晚，對於企業而言，固定資本的消耗，是帳面而非實際支出的成本，錢還留在公司。這個數字不能拿來分配給股東，但卻是廠商未來投資時可以動用的金額，可以說是廠商私有的「金庫」或「儲蓄」；所以一般而言，把折舊視為是分配給「資本」的份額之一。

二、勞動者所分配到的比率逐年降低

上面的分配數字只是就2020年而言。從長期趨勢來看，勞動者所分配到的比率，逐年遞減，見下圖3.1：

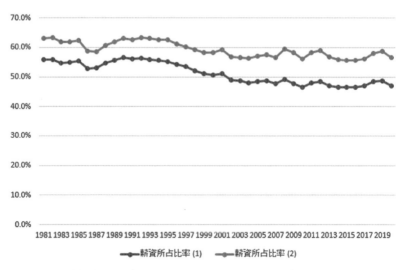

圖3.1 台灣勞動者在要素所得中分配到的比率：1981-2020年

註：比率（1）之分母為「薪資＋營業盈餘＋折舊」，比率（2）之
　　分母為「薪資＋營業盈餘」。

來源：主計處國民所得帳。

　　如果把折舊計入資本所分配到的份額，那歷年以
來，薪資所占主要要素所得，也就是「薪資加資本報
酬加折舊」的比率，於1981到1992年間，在55%-57%
的左右震盪；但是1992年以後，下降的趨勢十分明
顯，到了2020年只剩下47.1%，其中最重要的原因是
隨著廠商投資的增加，總固定資本量逐年增加，所提
的折舊也逐年增加；亦即折舊計入資本所分得的份額
時，薪資部分相對而言就大減。

如果不把折舊計入分母，光算薪資在「薪資加資本報酬」中的比率，薪資的份額還是有些微下降趨勢，但其絕對數字提高。1981到1992年間，這個比率大多超過6成；其後這個比率有緩慢下降的趨勢，2017到2020年間，大約在56%-58%之間震盪。

這不只是台灣的趨勢，也是全球的趨勢。法國的經濟學者皮凱提（T. Piketty）在2014年（英文翻譯版）出版的名著《二十一世紀資本論》中指出，依據歐美20多個國家長達約200年的租稅收與遺產記錄，資本的報酬率通常大於整體經濟成長率，也就是說，富有者財富增生的速度大於一般人工作收入增加的速度，因此富者將愈來愈富，貧富差距將愈來愈大。西方國家曾在二次大戰結束後的20世紀中期，看到貧富差距減少，但那是因為戰爭摧毀了資本家的財富，以及多數國家採取高累進的所得稅制所致；這個趨勢，在1980年代以後已經不復存在，可以說是曇花一現而已。從歷史的長期趨勢來看，皮氏說，以上這個結構因素使得貧富差距愈來愈大。

從美國的經驗來看，1980年共和黨的雷根（R. Reagan）當選總統，是經濟政策轉為對資本有利的里程碑。在雷根之前的1936到1980年，美國最高所得級距的（邊際）稅率大約是70%-90%，在雷根執政的年

代（1981-1988），這個稅率被降到只有28%；後來雖然略有提高，但從來沒有回到過4成以上。[1]

當然，課稅不是唯一的根源所在。2000年以後的低利率政策，由於大幅提高股票和房地產的價格，對於資產富有者有利，也會造成貧富差距的擴大，而且其效果的絕對數可能更大。基本上，「世代不正義」有兩個核心，一是薪資占總所得的比率下降，這會使新近世代年輕人薪資上升的幅度受限；二是房價和股價因為低利率政策而大幅上升，前者導致薪資上升幅度有限的年輕人買不起房，後者使得高資產者（不論是房地產的大戶或股票持有大戶）的財富價值上升更快，遠遠超過年輕人靠辛苦儲蓄所可以累積者。

三、看懂社會會計帳應是經濟學的基本功

大多數的經濟學讀本都像第一章所說，介紹過「國內生產毛額」的定義。英文是gross domestic product，簡稱GDP的國內生產毛額，是一國各行各業生產價值的總和。一般用最終需求，也就是不再轉賣的需求，來衡量其金額，而得到「GDP＝民間消費＋政府消費＋投資（固定資本形成）及存貨變動＋出口－進口」。

---

1. 見：https://www.taxpolicycenter.org/statistics/historical-highest-marginal-income-tax-rates。

但我們對於國內生產毛額的了解，不能只限於以上這道式子，否則會陷入把公式當作因果關係的危險，而且也不足以總覽國民生活的全貌。我們必須把生產、分配、薪資、利潤、所得和儲蓄的連動關係，在一個整合的帳中表示。這樣一個整合的帳，叫作「社會會計帳」，又稱為「社會會計矩陣」。非常可惜的是，絕大多數經濟學的讀本，沒有介紹這個帳，更沒有用這個帳來做趨勢變化的分析。

　　我們在以下表3.1中把台灣在2020年的社會會計帳中與生產有關者顯示出來，並一一說明其項目。

　　這個帳很奇妙；它有幾個特點：一、每行行頭的變數名稱和對應的列頭名稱完全一樣；二、所有在列裡面的數字代表那個列頭變數的進帳（收到金額），而所有放在行裡面的數字代表行頭的出帳（付出金額）；三、每一個行的總數，等於相對應同樣變數的那個列的總數，表示各列的收入合計等於對應行的支出合計。

　　舉例，在「國內生產活動」這行，其支出數由上而下為中間原料20兆9,770億元（表中欄位「1，B」）[2]、勞動報酬（薪資）8兆8,680億元（表中欄

<hr />

2　本書中會計帳（矩陣）的各欄位，其標示方法為欄位（或簡稱欄）「甲，乙」，其中甲為橫列的阿拉伯數字編號，乙為直行的英文字母編號。

位「3，B」）、資本報酬（營業盈餘）6兆7,990億元（表中欄位「4，B」）、生產與進口稅8,910億元（表中欄位「7，B」）、統計誤差850億元（表中欄位「11，B」）和折舊提撥3兆1,550億元（表中欄位「12，B」），合計40兆7,760億元（表中欄位「14，B」）──這些數字和本章一開始所講的國內生產活動的支出完全一致，只是表中把之前的億以下進位，改為10億以下進位。但我們如果只看這一行，就無法了解經濟運行的全貌。有了社會會計帳，我們才知道原來國內生產活動的支出，只是整個帳其中的一行而已。

但這是重要的一行，我們可以從這一行導引出整個經濟的分配、所得、消費和儲蓄。

40兆7,760億元的國內生產活動總產出，供應給誰了？那就要看同樣這個變數「國內生產活動」的列。此列最右方的合計數，一樣是40兆7,760億元，就是供應出去後得到的收入合計。供應給誰了？給兩個對象，一是國內市場（「綜合商品」這行對於「國內生產活動」的支出）共29兆2,850億元（表中欄位「2，A」），二是國外市場也就是出口（「國外」這行對於「國內生產活動」的支出）共11兆4,910億元（表中欄位「2，I」）。

光看這兩個數字，就會很有感覺。台灣的確是小型開放經濟，出口導向。我們所有國內生產活動的總產出，大約四塊錢裡面就有一塊錢供應給國外。所以國外景氣的變化、國外對於我們產品和服務的需求變動，對於我們許多行業都有很大的影響。

表3.1　2020年台灣社會會計帳：生產面

			綜合商品	國內生產活動	勞動報酬	資本報酬	非金融企業	金融企業
							經常帳：機構	
			A	B	C	D	E	F
綜合商品		1		20,977				
國內生產活動		2	29,285					
勞動報酬		3		8,868				
資本報酬		4		6,799				
經常帳：機構	非金融企業	5						
	金融企業	6						
	一般政府	7		891				
	家計單位	8						
	國外	9	8,854					
	所得收支小計	10						
資本帳	統計誤差	11		85				
	其他資本帳	12		3,155				
	資本帳小計	13		3,240				
	合計	14	38,139	40,776				

經常帳：機構				資本帳			
一般政府	家計單位	國外	所得收支小計	固定資本形成	存貨變動	購入國外非生非金*	合計
G	H	I	J	K	L	M	N
2,771	9,600			4,784	6		38,139
		11,491					40,776

＊「非生產非金融資產」，指土地與礦藏等天然資源，或商標與商譽等無形資產；此地多屬於後者，實際數字為2.66億元。

GDP＝19,799

來源：作者從主計處的各類資料彙整而來。

四、從社會會計帳計算GDP

以上這個社會會計帳表中的第A行，變數名稱叫作「綜合商品」，「綜合」兩個字意思就是裡面有國產品和進口品。國產品的數字就是29.285兆元（欄位「2，A」），進口品數字是8.854兆元（欄位「9，A」），合計38.139兆元（欄位「14，A」）。這表示供應國內市場的綜合商品有兩個來源，一個是國產

品，也就是「綜合商品」購買「國內生產活動」的那個數字，另外一個是進口，也就是「綜合商品」向「國外」購買的數字。

綜合商品的總額供應給誰？被誰買走呢？我們先看第1列的最右邊的合計數字，是38.139兆元（欄位「1，N」）。這個數字當然就和「綜合商品」第A行的合計數是一樣的，但是放在列，表示這是「買方」金額的合計。買方在那裡？有6個買方，第1個是欄位「1，B」，先前已經提到過的國內生產活動所購買的中間消費，其中有國產品和進口品，所以中間消費購買的是綜合商品。第2個買方是欄位「1，G」的「一般政府消費」，金額為2.771兆元。這裡的「一般政府」含中央政府、地方政府以及實際功能上提供政府服務的法人機構。

第3個買主是「家計單位」，就是之前講的「家庭與非營利團體」簡稱。這一位買主的需求數量很大，在2020年有9.6兆元。第4個買主是欄位「1，K」的「固定資本形成」，也就是整個社會在當年做的（生產性）投資。最後一個買主是欄位「1，L」的「存貨變動」，共60億元。固定資本形成和存貨變動都屬於「資本帳」，前面一般政府消費和家計單位的消費則是「經常帳」。

資本帳和經常帳有什麼不同？其實最基本的不同就是交易標的的時間維度，如果屬於當年就要用掉，不管是中間原料或是消費，就會被歸類為經常支出；相反的，如果購買標的不是當年度就要用掉，就屬於「資本支出」，例如建築物、廠房、機器、設備等，後者又統稱為「固定資本形成」。「存貨增加」是本年度沒有賣掉的成品，也屬於資本帳的範圍。

以上的表只涵蓋了社會會計帳的生產面，也就是「綜合商品」和「國內生產活動」，但已經足以讓我們用來獲知「國內生產毛額」的金額。

大家可能都熟悉，「國內生產毛額」有兩種定義，一種是從支出面去看，另外一個是從生產可以產生的「要素所得」去看。我們先看到大家比較熟悉的支出面，也就是：

國內生產毛額（支出面）＝一般政府消費支出＋家計單位消費支出＋固定資本形成支出及存貨變動＋出口－進口

＝2.771兆＋9.6兆＋4.79兆＋11.491兆－8.854兆

＝19.799兆

以上式中因分項四捨五入，實際加總為19.798兆，但該年GDP為19.799兆。

這個是從支出面來看，另外也可以從要素所得，也就是一般所說的「附加價值」（value-added）來看。所謂「附加價值」就是指總產出（賣商品或服務所得的總營收）減掉中間消費（原材料等支出），所剩下來的部分，也就是國內生產活動真正可以創造所得，分配給勞動、資本和政府的部分。從表3.1來看：

國內生產毛額（要素所得面）＝勞動報酬＋資本報酬＋生產及進口稅＋統計誤差＋折舊攤提

＝8.868兆（欄位「3，B」）＋6.799兆（欄位「4，B」）＋0.891兆（欄位「7，B」）＋0.085兆（欄位「11，B」）＋3.155兆（欄位「12，B」）＝19.799兆

所以國內生產毛額（GDP）從要素面來看或是從支出面來看，金額必然相等。但如同前述，因分項四捨五入，加總為19.798兆，惟該年GDP為19.799兆。當然，中間已經把政府在處理統計數字時，等號兩邊無法相等的統計誤差850億放在裡面了。

這個我們是從表3.1第A行和B行，還有第1和2列，可以得到的第一個引申涵義。

第二個可以得到的引申涵義，就是真正能夠產生國內生產毛額的，當然是國內生產活動。只有國內生產活動，才能產生所得。從產出來看，國內生產活動的總產出（總營收），一部分用於出口，剩下的用

於供應國內市場。後者又結合進口品，產生「綜合商品」，來滿足不同的需求，包含中間消費20.977兆元、一般政府消費2.771兆元、家計單位消費的9.6兆元，還有固定資本形成及存貨變動4.79兆元。這幾個數字其實都可以再細分為國產品和進口品。至於出口部分，也就是表3.1的欄位「2，I」，根據這個表的排列，它就是國內生產活動直接賣到國外，都是國產品。實務上，出口裡面可能有轉口外銷的進口品，但數量很小，在表3.1中予以忽略。

一般初學經濟學的人，看到「GDP＝政府消費＋家計單位消費＋投資＋出口－進口」，會誤認為進口是要從出口裡面扣掉，所以最後兩項合稱「淨出口」。這是一種誤導。真正不需要減進口的就是出口；進口減項不是針對出口來的，而是整體需求來的；如果我們把GDP改用國產品的需求來定義，那就再清楚不過了，這在下一章中會詳細說明。

第四章

———

經濟成長的由來

一個家庭要能維持好的財務，
需要好的帳本，國家更是如此，
沒有數字，就無法做數字治理。

一、「約定俗成」但誤導的經濟成長來源分析

　　多數官方機構每一季發表一次國內生產毛額的統計，同時會分析當時所顯示的經濟成長率，是由那些項目所促成的。

　　我們以2019到2020年台灣的經濟成長為例，來說明一個約定俗成、幾乎全球各地官方統計單位都採納的分析模式，如下表4.1所示：

表4.1　台灣2019-2020年經濟成長率的「約定俗成」
　　　　分析

單位：109 年價格表示的 10 億元台幣

	GDP	家計消費	政府消費	投資	出口減進口
109 年	19,799	9,600	2,771	4,790	2,637
108 年	19,200	9,850	2,701	4,480	2,169
差額	598*	-250	71*	309*	468
對成長貢獻	3.12%	-1.30%	0.37%	1.61%	2.44%
貢獻比率	100%	-42%	12%	52%	78%

*因四捨五入，可能和以上二欄數字的差額有出入。
來源：作者由主計處資料計算而來。

　　這個表中所顯示的 GDP 和各支出項目的數字，為2020年名目值，和前一章所引述的數字完全一樣。2019年的數字，是依據當年的名目值，再乘上各該項目物價上漲率後，所得到「用2020年物價表示」的數字，所以兩年之間可以比較，兩年之間的變化代表「實質變動率」，也就是扣除物價因素後的變動。

依據這張表，2020年GDP為19.799兆元，較2019年的19.2兆元，多了5,980億元。用百分比表示，2020年GDP比前一年成長了3.12%，也就是俗稱的「經濟成長率」。

那麼經濟成長的來源是什麼？既然GDP等於「家計消費＋政府消費＋投資（固定資本形成加存貨變動）＋淨出口（出口減進口）」四個項目的總和，一個看起來最簡單的方法，就是把GDP的變動拆成這四個項目的變動。所以在表4.1中，5,980億元就被拆為家計消費的－2,500億元、政府消費710億元、投資3,090億元和淨出口4,680億元。

基於同樣的道理，這四個項目對於經濟成長的貢獻，分別是－42%、12%、52%和78%。

公布此結果的單位，也講得出幾分道理：2020年全球陸續發生新冠疫情，消費急遽萎縮，台灣也不例外，所以民間消費急縮，造成最大的負面影響，幸虧另有兩個項目大大成長，予以抵銷：一是淨出口，二是投資，此二項的正成長扣掉消費的負成長後，還能讓經濟成長率維持在3.12%。淨出口的貢獻尤其大，主要是因為出口持續增加，但是進口減少，一正一負，造成淨出口大增。

這樣的分析看起來合理，其實不然。只需要點出兩件事就知道緣由。依據基本的經濟學原理，民間消

費是由所得，也就是我們這裡所說的GDP（記得GDP等於所有要素所得的加總）所決定。那怎麼可以反過來說GDP的變動，是由民間消費所「貢獻」的呢？在邏輯上，要說甲現象對乙現象有「貢獻」，基本上乙現象必須是「因變數」（或稱被解釋變數），而甲是「自變數」（或稱「外生變數」）。但是GDP和民間消費的邏輯剛好相反。

淨出口中的進口也是一樣。從之前的分析我們已經知道，進口是綜合商品的組成之一，而綜合商品的總額和總需求相關，總需求中的最終需求就是用支出面來計算的GDP。所以，進口是因變數，受到GDP影響。既然如此，怎麼可以倒過來說，進口的大小，可以「貢獻」或「影響」當年GDP的變動？

如果我們腦中有「社會會計帳」的觀念，以上有誤導嫌疑的GDP成長分析模式，就可以予以修正而解決了。

二、分析經濟成長的另一種作法

在介紹新的分析法之前，我們先把上章的表3.1做一個補充，就是把「綜合商品」這一列的每項需求，都細分為國產和進口，而得到以下的表4.2：

表4.2　2020年台灣社會會計帳：綜合商品區分國產與進口

單位：10億元台幣

		A	B	C	D	E	F	G	H	I	J	K	L	M	N
		綜合商品	國內生產活動	勞動報酬	資本報酬	非金融企業	金融企業	一般政府	家計單位	國外	所得收支小計	固定資本形成	存貨變動	購入國外非金非生*	合計
綜合商品	1		20,977					2,771	9,600			4,784	6		38,139
其中：國產	1-1		15,713					2,653	7,745			3,170	4		29,285
其中：進口	1-2		5,264					118	1,855			1,614	2		8,854
國內生產活動	2	29,285								11,491					40,776
勞動報酬	3		**8,868**												
資本報酬	4		**6,799**												
非金融企業	5														
金融企業	6														
一般政府	7		**891**												
家計單位	8														
國外	9	8,854													
所得收支小計	10														
統計誤差	11		85												
其他資本帳	12		3,155												
資本帳小計	13		**3,240**												
合計	14	38,139	40,776												

（上方分組標示：經常帳：機構、資本帳）
（左方分組標示：經常帳：機構、資本帳）

* 「非生非金」為「非生產非金融資產」之簡稱，指土地與礦藏等天然資源，或商標與商譽等無形資產。

GDP = 19,799

來源：作者由主計處國民所得報告、2016年產業關聯表等資料彙整、計算而來。

上表中的「1，B」欄，國內生產活動對綜合商品的需求，也就是中間消費（原料、零件等），共20.977兆，已經被分為國產品15.713兆元（欄位「1-1，B」）和進口品5.264兆元（欄位「1-2，B」）。要得到這些細分的數據，需要花點功夫。一般的國民所得報告沒有，要從產業關聯（又稱「投入產出」）資料裡面去找；可惜這個資料五年才發布一次。以前五年之間有延長表，但是最近幾年沒有了。

據說，這是因為主計處的經費有限。我們覺得，這非常可惜。一個家庭要能維持好的財務，需要好的帳本，國家更是如此，沒有數字，就無法做數字治理。主計處負責蒐集統計數字，它的預算應該是第一優先，但實際上，如果政府預算有限，第一個被砍預算，或者不讓它增加預算的，往往就是主計處。這是沒有遠見、殺雞取卵的作法。

既然不是每年都有資料，我們只能用離2020年最近的產業關聯資料，就是2016年資料。在產業關聯統計裡，主計處編有「進口交易表」，可用以算出該年中間消費總額裡，用於進口品的比率，並進一步用此比率來推算2020年中間消費裡所含的進口品數量。依據同樣的方法，我們可以設算出「政府消費」、「家計單位消費」以及「投資」（固定資本形成及存貨變動）裡的進口數量。

不過，由於上述所使用的進口比率畢竟不是來自2020年，這樣設算出來的各項進口，其總和（稱為 M'）不會等於2020年的實際進口總額（稱為 M）。所以我們再用 M 除以 M' 的比率，把2020年各項支出中的進口額度，做一個等比率的調整，也就是每個數字都乘以 M/M'。經過調整之後，其總和會等於2020年的進口總額。經由這樣兩階段計算後的進口數字，已經列於表4.2中，其中有中間消費裡的進口品數量（欄位「1-2，B」）、「政府消費」裡的進口數量（欄位「1-2，G」）、「家計單位消費」裡的進口數量（欄位「1-2，H」），以及「投資」裡的進口數量（欄位「1-2，K」和「1-2，L」合併計算）。把總量扣掉進口數量，就得到國產品數量（每個欄位的上方列）。

表4.2中有4個粗體字，分別是勞動報酬（薪資）8.868兆元（欄位「3，B」）、資本報酬（營業盈餘）6.799兆元（欄位「4，B」）、生產及進口稅0.891兆元（欄位「7，B」），以及統計誤差和折舊攤提的小計數3.24兆元（欄位「13，B」）。這4個數字加起來，等於19.799兆元，就是2020年的GDP（尾數有差異，是因為用兆顯示時，各項的尾數經過四捨五入；如果回歸到用原始主計處百萬元為單位，而把各項相加時，用10億或兆為單位的尾數會一致）。

由此可見，GDP 就是國內生產活動所產生的「要素所得」，又稱為「附加價值」，一如前述。既然如此，我們可以用 y 來代表 GDP，而寫出：

$$y = (1-a) \cdot X$$
$$(4.1)$$

式中 y 就是 GDP；X 是總產出，也就是表4.2中國內生產活動的總營收（欄位「14，B」）；a 是中間消費占總產生的比率，亦即中間消費除以 X，所以（$1-a$）就是附加價值占總產出的比率，在表4.2中等於19.799兆／40.776兆，也就是48.56%。

再來，依據表4.2中第2列的數字，我們知道 X 賣給了國外（出口，欄位「2，I」），以及賣給國內市場（欄位「2，A」）。後者又可分為中間消費（欄位「1-1，B」）、政府消費（欄位「1-1，G」）、家計消費（欄位「1-1，H」）與投資（欄位「1-1，K」及「1-1，L」）。

既然如此，式（4.1）可改寫為：

$$y = (1-a) \cdot (a^d \cdot X + G^d + C^d + N^d + e)$$
$$(4.2)$$

式中 a^d 是 X 生產中所使用的國產品中間消費，G^d 是政府消費的國產品，C^d 是家計消費中的國產品，N^d 是投資中的國產品，e 是出口。由於表4.2中的 X

是40.776兆元（欄位「14，B」），而其所使用的國產中間消費是15.713兆元，所以$a^d = 15.713/40.776 = 38.53\%$。我們可以用表4.2中的數字來表達式（4.2）：

19.799兆 ＝ 48.56%・（38.53%・40.776兆＋2.653兆＋7.745兆＋3.174兆＋11.491兆）　（4.3）

請注意，在式（4.2）或（4.3）的國內生產毛額公式中，進口已經不見了，但增加了許多個關鍵變數，都和國產品的需求有關。有了式（4.2），我們就可以開始對2019到2020年的經濟成長做「正確的」分解。

三、對2019到2020年經濟成長的分析

以下的表4.3，是表4.2的大部分，加上2019年的數據而來。表中的數字已經用平減指數，考慮了物價變動，讓我們可以用2020年的價格，來同時表達兩年的數字。表4.3中被省略的數字，是表4.2的列編號3到13。雖然這些有關要素所得的列沒有顯示出來，但它們已經進入了式（4.2），不會被漏掉。

表4.3 2019-2020年台灣經濟成長數據

編號	109 年	綜合商品	國內生產活動	勞動報酬	資本報酬	非金融企業	金融企業
					經常帳：機構		
		A	B	C	D	E	F
1	綜合商品		20,977				
1-1	其中：國產		15,713				
1-2	其中：進口		5,264				
2	國內生產活動	29,285					
14	總產出		40,776				

編號	108 年（109年幣值表示）	綜合商品	國內生產活動	勞動報酬	資本報酬	非金融企業	金融企業
					經常帳：機構		
		A	B	C	D	E	F
1	綜合商品		21,532				
1-1	其中：國產		15,978				
1-2	其中：進口		5,554				
2	國內生產活動	29,379					
14	總產出		40,732				

經常帳：機構			資本帳				
一般政府	家計單位	國外	所得收支小計	固定資本形成	存貨變動	購入國外非生非金*	合計
G	H	I	J	K	L	M	N
2,771	9,600				4,790		38,139
2,653	7,745				3,174		29,285
118	1,855				1,616		8,854
		11,491					40,776

經常帳：機構			資本帳				
一般政府	家計單位	國外	所得收支小計	固定資本形成	存貨變動	購入國外非生非金*	合計
G	H	I	J	K	L	M	N
2,701	9,850				4,480		38,563
2,582	7,893				2,926		29,379
118	1,957				1,554		9,183
		11,352					40,732

*「非生非金」爲「非生產非金融資產」之簡稱，指土地與礦藏等天然資源，或商標與商譽等無形資產。

來源：作者由主計處國民所得報告、2016年產業關聯表等資料彙整、計算而來。

我們接下來要做的事，就是把2019到2020年GDP的變動，利用式（4.2）及其衍生推導，而分解為各個不同項目的貢獻。詳細的數學推導見附錄，此地只表達結果：

2019到2020年的GDP增加了5,980億元，造成這個增加量的來源有以下各項：

1. **廠商中間需求購買國產品的比率增加促進成長**：可以說明GDP增量的87.0%。這很可能和2020年全球新冠疫情有關：多國關閉生產，導致廠商必須改用國產原料或零件。

2. **家計消費用於國產品比率提高而促進成長**：這也可能和2020年全球新冠疫情有關；貢獻率為10.0%。

3. **儲蓄率提高拖累成長**：家計單位的儲蓄率大幅提高，促成消費萎縮，對成長有負面的影響達-84.0%。消費行為的萎縮，也可能和新冠疫情相關。

4. **政府對國產品消費（G^d）增加而促進成長**：貢獻率為13.5%。

5. **投資額中對國產品的需求比率增加而促進成長**：貢獻率為8.3%。

6. **總投資額增加促進成長**：貢獻率為38.8%。

7. **出口（e）增加促進成長**：貢獻率為26.4%。

綜上，2019到2020年成長的最大功臣是中間需求（又稱爲中間消費）多使用國產品、投資在新冠疫情下仍然成長、出口成長。負面影響成長的最大拖累力量是家計消費的儲蓄率增加。

以上的結果和之前所說的「約定俗成」結果可以說非常不同。在那個結果中，推動成長的最大功臣是淨出口，其次是投資；拖累成長的固然也是家計消費，不過其效果只有負42.0%，遠低於正確分析的負84%。

四、對2001到2014年中國大陸經濟成長的分析

作者運用以上同樣的邏輯，於2022年在應用經濟學期刊《Applied Economics》與合著者發表過一篇英文文章，題目爲：「中國本土供應鏈的興起是否對經濟成長有所貢獻？」（Has the Rise of China's Domestic Supply Chain Contributed to its GDP Increases?）。[3]

文章的主要發現爲：

1. 中國大陸在2000到2014年快速成長期間，推動 GDP 上升最主要的力量是出口和投資。前者是2001到2007年間推動成長的主力，後者則在國際經濟動盪影響出口表現時，例如2000到2001年的網路經濟泡

3　Yun-Peng Chu and Yi-Pey Ou (2022),"Has the Rise of China's Domestic Supply Chain Contributed to Its GDP Increases?", *Applied Economics*, DOI: https://doi.org/10.1080/00036846.2022.2097182.

沫化和2007到2009年的金融海嘯時期發揮力量，另外也是2010到2014年GDP成長的主力。

2. 由於家計單位的儲蓄率有上升趨勢，民間消費不但不是推升經濟成長的主力，還是阻力。

3. 文中主要衡量中國大陸本土供應鏈興起的指標是「中間消費的國產品使用比率」：這個比率愈高，代表生產廠商在使用原料或零組件時，愈來愈仰賴國產品。結果發現：這個比率在2000到2011年大多下降，代表供應鏈有趨向於全球化的趨勢，也就是使用愈來愈多比率的進口品。但2011年以後，由於中國大陸也開始建立其原料或零組件產業，發生了中間產品的「進口替代」現象，也因此對於GDP的成長產生重要貢獻。

4. 從產品生命週期的理論來看，上述的現象非常正常，而且是台灣和南韓都走過的道路：工業化的第一階段是用國產消費品替代進口品；第二階段是國內生產的消費品開始大量出口，在此階段也大量進口原料和零組件；第三階段是國內開始自己生產原料和零組件，甚至機器設備，以取代進口品。在台灣，第一次石油危機之後所推動的「十大建設」，許多都是屬於上述第三階段的「中間產品進口替代」，例如中油的擴建和中鋼的誕生。

5. 在2011到2014年間，從購買面來看，中國大陸「使用」較多國產中間產品的產業，主要是：⑴焦炭與精煉石油，⑵基本金屬，以及⑶電腦、電子及光學產品。從供給面來看，受惠於國產中間產品需求增加的主要「供應」者是：⑴電腦、電子及光學產品，⑵化學品與化學製品，⑶焦炭與精煉石油，以及⑷基本金屬。

當然，中國大陸在此期間的快速成長，絕非單純上述總體變數分析可以涵蓋。其實最重要的是制度變革，包含早期的改革開放，到後來的公營事業改革、金融改革、匯率改革等，基本方向是釋出民間活力，並維持總體經濟的穩定；總體數字的變動，是反映了改革的結果。研究中國大陸制度改革方面的文章和著作很多，以銀行改革為例，華而誠的著作[4]就非常值得參考。[5]

---

4. Erh-Cheng Hwa and Yang Lei, 2010, "China's Banking Reform and Profitability," *Review of Pacific Basin Financial Markets and Policies*, 13:2, 215-236, 見：SSRN:https://ssrn.com/abstract=1633372。

5. 整體改革的模式與過程可參考林毅夫、蔡昉、李周，2017，《中國經濟改革與發展（二版）》，台北：聯經出版。

附錄

　　式（4.2）中的 C^d 可以另外寫成：

$$C^d = b \cdot (1-s) \cdot y$$
$$(4A.1)$$

式中 s 為儲蓄率，$(1-s)$ 就是 GDP（$=y$）中用於家計消費的比率；b 是家計消費中用於國產品的比率。

同理，N^d 可寫為：

$$N^d = k \cdot N$$
$$(4A.2)$$

式中 N 是總投資額（＝固定資本形成＋存貨變動），k 是總投資額裡用於購買國產品的比率。

另外，從式（4.1）可導出：

$$X = y / (1-a)$$
$$(4A.3)$$

把式（4A.1）–（4A.3）代入式（4.2）中，該式就可以改寫成：

$$y = a^d \cdot y + (1-a) \cdot G^d + (1-a) \cdot b \cdot (1-s) \cdot y + (1-a) \cdot k \cdot N + (1-a) \cdot e \qquad (4A.4)$$

解出 y，可得到：

$$y = \{(1-a) / [1-a^d-(1-a) \cdot b \cdot (1-s)]\} \cdot (G^d + k \cdot N + e) \qquad (4A.5)$$

這個式（4A.5）就可以眞正描述，y 作爲一個因變數，是如何受到諸多自變數或參數的影響。這些自變數有的是政策變數，像 G^d；有的是可被視爲外生變數的廠商決策，如 N；也有的變數像 e，是取決於國外需求。至於參數方面，a 和 a^d 取決於生產行爲，b 和 s 取決於家計消費行爲，而 k 取決於廠商的投資行爲。

第五章

所得的初次與衍生
分配：房地產和
金融資產的交易
凌駕於 GDP 之上

「有土斯有財」，一直到現在，房地產仍然是台灣家庭的主要財富來源。當然，對於大戶而言，股票占財富的比率比房地產還高。基本上，股票加房地產如果夠多，一個人不必工作，一樣可以獲取所得和財富。

一、家計消費的重點在於住宅服務：台灣社會會計帳簡表

在第一章裡，我們以張氏夫婦為代表，介紹了全台家庭的所得和支出。接下來我們檢視了台灣的財富，發現張氏夫婦的儲蓄，很難負擔日益高漲的都市房價。在第三和第四章，我們介紹了家庭所得中薪資和營業盈餘，是如何來自國內生產，還有我們應當如何衡量國內生產毛額，以及如何解釋國內生產毛額的變動，也就是俗稱經濟成長的來源。

本章我們要回到家庭的所得和支出，另外也介紹社會裡其他重要機構的所得和支出，然後完成一個社會會計帳的簡表，讓讀者對於台灣與實物交易相關的金流，初步有一個全貌的了解。

除了家庭和非營利團體（合稱家計單位）以外，依據聯合國的統計指引，還有以下幾個「機構」（institutions；又可稱為「部門」）。一是「非金融企業」，指非金融部門的營利事業團體（不論是否為民營或公營），包含公司和準公司組織（例如經營營利活動、正常編製財務報表和繳稅的合作社）；二是「金融企業」，包含所有營利性金融企業（不論是否為民營或公營）和中央銀行；三是「一般政府」，包含中央和地方政府，也包含名稱上看起來不是政府單

位但實際提供非營利性或非自償公共服務、由政府控制的團體或單位；四是「國外」，也就是境外機構的通稱。

　　以下表5.1就是在經常帳的部分，把以上這五種機構都羅列進去的台灣社會會計帳簡表。這個表裡的第Ａ和Ｂ行，以及第1到4列，也就是和生產部分相關者，在上兩章中已經呈現過。現在看了表5.1，讀者就更了解在前兩章中，與生產活動相關的行與列在整個表中的位置：就是第Ａ和Ｂ行，以及第1到4列。所以這2行和這4列，在此不需要再討論。我們現在要看的是，生產所產生的要素所得，如何後續分配到以上各機構的手中。

表5.1　2020年台灣社會會計帳簡表

		綜合商品	國內生產活動	勞動報酬	資本報酬	經常帳：機構	
						非金融企業	金融企業
		A	B	C	D	E	F
	綜合商品	1		20,977			
	國內生產活動	2	29,285				
	勞動報酬	3		8,868			
	資本報酬	4		6,799			
經常帳：機構	非金融企業	5				4,070	
	金融企業	6				463	
	一般政府	7		891		16	
	家計單位	8			8,881	2,251	
	國外	9	8,854				
	所得收支小計	10					3,086	1,928
資本帳	統計誤差	11		85			
	其他資本帳	12		3,155			1,970	644
	資本帳小計	13		3,240			1,970	644
	合計	14	38,139	40,776	8,881	6,799	5,056	2,571

先看「勞動報酬」，俗稱薪資。國內生產活動發出了8.868兆元的薪資（欄位「3，B」），而我們國人另從境外機構領到了130億元的薪資（欄位「3，I」），合計8.881兆元（欄位「3，N」），一如先前曾說明過的，這是收入面。支出面呢？則要看表中的C行：這些薪資總額全部分給了家計單位（欄位「8，C」）；這是合理的，因為所有的受僱者均屬於家計單位。

經常帳：機構				資本帳			
一般政府	家計單位	國外	所得收支小計	固定資本形成	存貨變動	購入國外非生非金*	合計
G	H	I	J	K	L	M	N
2,771	9,600			4,784	6		38,139
		11,491					40,776
		13	8,881				8,881
			6,799				6,799
			986				5,056
			2,108				2,571
			3,672				4,579
			4,066				15,198
			874				9,728
2,014	3,341	1,339					11,707
-206	2,257	-3,116					
-206	2,257	-3,116				0	4,790
4,579	15,198	9,728				4,790	

＊「非生非金」全稱爲「非生產非金融資產」，指土地與礦藏等天然資源，或商標與商譽等無形資產；此地多屬於後者，109年在欄位「13，M」的實際數字爲2.66億元。

GDP＝19,799

來源：作者由主計處國民所得資料彙整而來。

　　「資本報酬」又稱爲「營業盈餘」，是另一個國內生產活動發出去的要素所得，在表5.1中的欄位「4，B」，共6.799兆元。這個項目被官方統計稱爲「資本報酬」，理論上沒有錯，但容易讓人混淆。許多人弄

不清，以為6.799兆元既然稱爲「資本報酬」，那應該含有利息、股利、地租等。其實，「營業盈餘」是源頭，而利息、股利、地租（通常稱爲財產所得）是衍生的分配；在表5.1中的「資本報酬」，只有「營業盈餘」，不涉及其他的衍生分配。

「營業盈餘」如何「分配」到各機構？要看表5.1的第D行：這6.799兆元中的4.07兆元（欄位「5，D」）屬於「非金融企業」、4,630億元（欄位「6，D」）屬於「金融企業」、160億元（欄位「7，D」）屬於「一般政府」、2.251兆元（欄位「8，D」）屬於「家計單位」。許多人也把此行的「分配」與「利潤分配」混淆。其實第D行的「分配」，是「屬於」的意思，沒有分配利潤、派發股利的意思。基本上國內生產活動都有機構方面的源頭，有非金融企業的、金融企業的、一般政府的和家計單位的生產事業。前兩個很清楚，後兩個是指在一般政府裡面從事的生產活動，例如政府所屬的鐵路局生產與販賣便當；以及在家計單位裡進行的生產活動，如張氏夫婦在家門口擺攤賣雞蛋糕。以上「屬於」二字，意思是指「可歸屬於」，也就是營業盈餘發生的源頭。如果這個源頭來自家計單位的生產活動，那這部分的營業盈餘就被「歸屬於」家計單位。

接下來，我們要進入「衍生分配」。不過，我們不談「衍生分配」的細節，也就是那一個機構支付或分配給另一個機構，我們只看單一機構收到衍生分配的總數，以及付出去的衍生分配的總數。所以，在表5.1中，有一塊灰色的區間，沒有放數字，但是灰色區間的合計，也就是「所得支出小計」，則有數字。

我們先看第8列「家計單位」。從表5.1可看出，家計單位的收入有勞動報酬（薪資）8.881兆元（欄位「8，C」）、營業盈餘2.251兆元（欄位「8，D」），還有「所得收支小計」4.066兆元（欄位「8，J」）。這個「所得收支小計」，如同第一章已經介紹過的，就包含了財產所得收入（所持有股票所領取的股利為主，銀行存款所得的利息次之）與移轉收入（主要是社會保險給付，例如勞保老年給付）。三種收入合計，共15.198兆元（欄位「8，N」）。這是一個很大的數字，差不多是109年GDP的77%。

那家計單位如何「用錢」呢？要看表5.1的第H行。從該行可看出，家計單位收入的用途有：消費9.6兆元（欄位「1，H」）、所得收支的支出3.341兆元（欄位「10，H」）以及儲蓄2.257兆元（欄位「13，H」）。這些數字都和第一章所提及的數字相同。在所得收支的支出方面，如同該章所言，主要花在財產所得支出

（房貸所繳利息爲主）及移轉支出（繳納勞健保費給政府爲主）。

在消費方面，最主要的第一大項支出是住宅服務，包含實際付出的租金和自用房屋設算租金，以及水電費等，大約占18%；第二大項是購買食物和飲料，大約占14%；第三大項是交通，大約占11%。這三項中的第一和第三項彼此有連動性：如果買不起或租不起市中心的房子，就到比較偏遠的地方去住；住的成本可能降低了，但相對而言交通費用會提高。我們如果把住和交通併在一起看，那比率達到約3成，這個消費比率，是大多數家庭心之所繫，也是荷包之所重，這和之前提到房價偏高的問題息息相關。

二、企業、政府和國外的所得收支

非金融企業的收入在表5.1的第5列。除了營業盈餘4.07兆元（欄位「5，D」）外，還有所得收支的收入共9,860億元（欄位「5，J」），後者包含財產所得收入，主要是企業所擁有股權而非配到的股利與存款所得到的利息，以及移轉收入，主要是產險理賠收入，合計5.056兆元（欄位「5，N」）。非金融企業的用途只有兩項：所得收支的支出和儲蓄，前者共3.086兆元（欄位「10，E」），包含財產所得的支付（發放股利爲主，付貸款利息次之），以及移轉支付（主要是繳

納給政府的營利事業所得稅）；後者則為1.97兆元（欄位「13，E」）。

金融企業的收入在第6列，用途則在第F行。收入內容有營業盈餘4,630億元（欄位「6，D」），與所得收支的收入2.108兆元（欄位「6，J」）。後者的主要內容為財產所得收入（主要是放款利息收入），與移轉收入（主要是非壽險保費收入；壽險被視為「金融商品」，不在「經常帳」，而是在「金融商品帳」處理）。用途方面，有所得收支的支出1.928兆元（欄位「10，F」），和儲蓄6,440億元（欄位「13，F」）。前者包含財產所得支出（存款利息為主，發放股利次之）和移轉支出（含營利事業所得稅、金融稅負如證券交易稅等，以及非壽險理賠支出）。

政府的收入和用途分別在第7列和第G行。收入來源有：生產和進口稅8,910億元（欄位「7，B」）、政府兼營生產活動的營業盈餘160億元（欄位「7，D」）和所得收支的收入3.672兆元（欄位「7，J」）。其中最後一項的內容有政府的財產所得收入（以政府持有企業股份所得到的股利為主），以及移轉收入；後者主要包含所得稅及房價、地價稅，還有社會保險（勞保、健保、國民年金保險等）保費收入。政府的用途有消費2.771兆元（欄位「1，G」）、所得收支的支出2.014兆元（欄位「10，G」）和儲蓄–2,060億元（欄位「13，

G」）。其中所得收支的支出包含財產所得支出（主要為借款利息）和移轉支出（主要為社會保險給付）。

最後一個需要討論的機構是「國外」。此機構經常帳資金的收入來自進口8.854兆元（欄位「9，A」）和所得收支的收入8,740億元（欄位「9，J」）。後者包含財產所得收入（主要為國外部門收到國內企業所發股利）和移轉收入。此機構經常帳資金的用途有出口11.491兆元（欄位「2，I」）、受僱人員報酬淨支付（國外付給境內國人的薪資減掉境內廠商支付給國外受僱者薪資）130億元（欄位「3，I」）、所得收支支出1.339兆元（欄位「10，I」）和儲蓄－3.116兆元（欄位「13，I」）。其中所得收支支出含財產所得支出（國外部門付給國內的利息和股利大約各半）和移轉支出。

三、經濟行為有兩種：和GDP無關的資產交易躍居主流、組成GDP的生產和勞動淪為配角

「台灣社會會計帳簡表」裡所載的數字，都和GDP有關，也就是和生產活動有關：有了生產活動，才會有就業、有薪資收入、有利潤（營業盈餘），才能進一步分配給家庭、企業和政府。

一個經濟體的成長，也是用 GDP 來衡量。實質 GDP 上升時，我們說這個經濟體在「成長」或「發

展」，GDP沒有上升或反而下降時，我們說這個經濟體在「停滯」或「衰退」。

基本上，一個社會如果把資源有效利用，投入GDP的生產，整個社會就會出現所得增加、消費增加和投資增加的現象；反之，如果社會上的資源用於和GDP無關的經濟交易，那麼無論這個交易的金額有多大，都無助於所得、消費和投資的成長。

那些經濟交易和生產無關？最大宗的有兩筆，一是土地和房子的移轉，二是股票的移轉。

土地和房子的移轉，本身不是生產活動，沒有製造出任何新的東西，只是社會既有資產換手而已，所以和GDP無關。只有從事土地和既有房屋買賣仲介業務的仲介收入才列入GDP，不過這和交易額相比，金額很小。

股票的移轉，也只是社會既有資產的換手，一樣和GDP無關，只有從事股票經紀業務金融機構所得到的手續費才列入GDP，不過這和股票的交易額相比，金額也很小。

而這些與GDP無關的交易，金額在台灣有多大呢？

先看股票。股市在2021年的交易額為95.5兆元，在2020年為49.2兆元。這是什麼意思？以2020年為基準，以上社會會計帳顯示全年國內生產活動的總銷售額為

40.776兆元，這樣的生產活動一共創造的GDP為19.799兆元的GDP（國內生產毛額或國民所得）。我們這個社會從事和GDP無關的股市交易額，大過生產活動的銷售總額，更大過GDP好幾倍！

生產的過程中，辛勤工作的勞工在2020年一共才得到了8.868兆元的薪資，僅為當年股市交易額的五分之一而已！我們以為辛勤工作是經濟活動的「主流」，但是我們錯了。從金額看來，股票交易才是市場經濟活動的「主流」。由股市買賣這個主流市場賺取（或認賠）的差價，與股市交易相關金融機構的營收和利潤、從業人員的薪水，躍居為社會經濟活動的「顯學」。但是話說回來，如果全國的資源都因為「顯學」有吸引力而投入顯學，無人從事實物生產事業，那這個社會在實物體系的發展前景恐怕堪慮，而必須仰賴進口。長期而言，這是不是對社會有利？值得思索、檢討。

另外一個重大的資產交易，就是房地產。依據內政部的統計，2020年房屋登記移轉，包含買賣、繼承、贈與等，總量為47萬4,579棟，共5,684萬平方公尺，也就是約1,719萬坪，等於平均每棟36坪。那成交金額呢？沒有資料，但房屋移轉以六都為主，其中比重最大的是新北，其次為台中。用1,200萬元來作為該年六都每棟平均總價應該不離譜，那該年移轉金額應該是

5.7兆元。假設扣除繼承和贈與，只算買賣，大約占7成，也有3.99兆元。雖然比股市成交額小，但也是一個大數字。上面已經說過，全社會勞工在2020年一共才得到了8.9兆元的薪資，而房地產買賣金額就接近這個數字的一半。

以上只是交易或移轉預估金額。如果以財富價值來看，前一章已經分析，「有土斯有財」，一直到現在，房地產仍然是台灣家庭的主要財富來源。當然，對於大戶而言，股票占財富的比率比房地產還高。基本上，股票加房地產如果夠多，一個人不必工作，一樣可以獲取所得和財富。

奇妙的是，這些與我們財富和人生息息相關的交易，都不在國民所得帳裡面、不在社會會計帳的簡表裡面、不在 GDP 裡面。全體社會、媒體、民眾對於 GDP 的關注，有點像是繞著「假議題」打轉。其實，GDP 代表生產、勞動和薪資，怎麼會是「假議題」呢？但以對財富的重要性而言，GDP 實在居於次要，非 GDP 交易才是主流。這也說出薪資階級的內心疾苦：無論怎麼辛勤工作，一樣追不上房價，也不懂如何從資本市場獲得股權。勞動與生產明明應該是社會經濟的主流，卻淪為配角。

四、固定資本形成的內容：家庭最主要的投資 活動就是買房子

表5.1的中間上方標題是「經常帳」，右邊上方標題是「資本帳」；前者進一步分為非金融企業、金融企業、政府、家計單位和國外五個不同的「機構」，那為什麼資本帳裡面沒有分交易主體，而是按照交易物的特性，分為「固定資本形成」、「存貨變動」和「購入國外非生產性、非金融資產」？難道以上五個機構間的資本帳交易不重要嗎？

表5.2　2001年台灣資金運用帳：官方最後一次編製的「非金融性資本流量」

	國內部門總帳		部門帳	
			非金融業之公司及準公司企業	
			公營	
	用途	來源	用途	來源
1. 對外經常交易餘額				
2. 儲蓄		1,389,907		4,035
3. 固定資本消耗		932,853		158,736
4. 資本移轉淨額		-4,143		8,856
5. 存貨增加	-99,598		-11,544	
6. 固定資本形成毛額	1,781,752		221,699	
7. 土地購入淨額			6,594	
8. 其他無形資產購入淨額	1,393			
9. 統計誤差			16,317	
10. 貸出淨額	635,070		-61,439	
合計	2,318,617	2,318,617	171,627	171,627

答案是，五個機構間的資本帳交易應該很重要，但是政府基於預算及其他政策考量，以前曾經編過很多年，但從民國93年起，就不再編這個表了。這個表最後一次出現在《中華民國國民所得年刊》，是民國92年9月出版的，所載民國90年（西元2001年）的數字。為了彰顯歷史，我們特別依照那個表，把數字複製在以下的表5.2，作為紀念。

單位：新台幣百萬元

部門帳					
非金融業之公司及準公司企業		金融機構			
民營		公營		民營	
用途	來源	用途	來源	用途	來源
	279,056		43,405		112,028
	579,843		4,093		27,302
	19,850				
-84,151					
987,281		7,355		28,586	
186,567		1,543		-28,377	
1,393					
29,805		826,816		139,121	
-242,146		-788,216			
878,749	878,749	47,498	47,498	139,330	139,330

表5.2　2001年台灣資金運用帳：官方最後一次編製的
「非金融性資本流量」（續）

	部門帳			
	一般政府		對家商服務之民間非營利機構	
	用途	來源	用途	來源
1. 對外經常交易餘額				
2. 儲蓄		-183,691		168
3. 固定資本消耗		108,768		322
4. 資本移轉淨額		-42,903		5,489
5. 存貨增加				
6. 固定資本形成毛額	460,576		5,717	
7. 土地購入淨額	33,045		186	
8. 其他無形資產購入淨額				
9. 統計誤差	-28,864		76	
10. 貸出淨額	-582,583			
合計	-117,826	-117,826	5,979	5,979

　　我們先看當年國內部門總帳的總數，用途扣除「貸
出淨額」（大約等於經常帳順差），等於2.319兆元減
0.635兆元，也就是約1.68兆元。到了19年之後的民國
109年（西元2020年），依照表5.1，這個數字已經變成
4.79兆元，接近19年前的3倍。這至少反映了兩件事：
一、資本交易愈來愈熱絡；二、資產價格上升。這兩
者均和房地產有關。

　　表5.2中的固定資本形成，包含新蓋的房屋建築、

部門帳		國外帳	
家庭及民間非公司企業			
用途	來源	用途	來源
			-640,606
	1,134,906		
	53,789		
	4,565		4,143
-3,903			
70,538			
-199,558			
		-1,393	
-983,271			
2,309,454		-635,070	
1,193,260	1,193,260	-636,463	-636,463

來源：民國92年《中華民國國民所得年刊》，頁100。

機器設備等。依照過去的經驗，前者大約占企業單位的3成，但卻是家計單位（家庭及民間非公司企業）的幾乎全部。在該年，家計單位所購買的新建房屋建築，大約價值為705億元。但這只是新建房屋建築而已，不含土地，所以不是家計單位購買的新建房地產總值，更不包含中古房地產在內。後者在109年依據前文的估計大約有3.99兆元；民國90年（西元2001年）當然不會有這麼多，但金額應該也不會太低。

表5.2中倒是有記載土地的轉手。基本上，家計單位賣出了1,996億元的土地，其中9成3被民營非金融企業（應該主要是建築商業）買走（1,866億元），其餘大多賣給一般政府（應該是徵收公用土地；買入330億元）。這個項目的絕對數是家計單位資金用途中次大的。

　　奇妙的是，該年在家計單位的用途中還有一個統計誤差項，金額高達負9,833億元，其絕對數是各項目中最大的。這麼高的誤差，也可能是這個表後續編不下去的重要原因。也就是說，要能編出正確的表，還需投入很多資源，才可以減少誤差，所以在預算上變成「負擔」。

　　基本上，這張表顯示，就家計單位而言，該年的貸出淨額為2.309兆元，就是其財富的增加額度：代表銀行存款的增加，或所持金融商品的增加；但除了知道其資金來自儲蓄及折舊1.188兆元、販賣土地所得1,996億元，然後花在購買新房屋建築705億元以外，政府實在不知道家計單位的財富增加，到底是怎麼來的。貸出淨額2兆3,094.54億元裡，大約4成3，也就是9,832.71億元，不知道怎麼來的。財富增加很多，但來源不明！

　　如果我們有足夠的資料，可以把表5.2中的家計單位分為「名下有土地」和「名下沒有土地」兩群，結果或

許會更爲精彩。基本上，我們可以猜測，其結果會呼應前文所說的：「有土斯有財」。沒有土地的家庭，除非是擁有股票的大戶，否則要翻身有其困難度。

第六章
———

兼愛互利經濟學

從現代經濟學的立論來看，如果把墨家所說的「利」，解釋爲「效用」（utility）或福利（welfare），也就是個人得到的滿足感，就更清楚了。現代經濟學主張，整個社會應當追求「社會福利」（social welfare）的極大化，而社會福利就是社會各個成員「效用」的集合。這樣一來，墨家的主張不就和現代經濟學的旨趣完全相通嗎？

一、墨子的兼愛和互利

歷史上，至少有兩個人的思想，對作者有重大的啓發。一位是中國古代戰國時期的墨子，另一位是當代美國的哲學家約翰‧羅爾斯（John Rawls）。

圖6.1　墨子
來源：維基百科。

墨子原名墨翟，其學說跨越哲學、力學、幾何學、代數學、光學、經濟、政治、軍事。他和他的學生被認爲是世界上第一個利用光線直射原理，施作「針孔成像」實驗的人。[6]

墨學崇尚兼愛、互利和非攻。在戰國末年，墨家曾經盛行，足與儒、道分庭抗禮。墨者有組織，由俠客組成，類似民間自組的部隊，紀律嚴明，以「興天下之利，除天下之害」爲目的，「赴湯蹈刃，死不還踵」。[7]

儒家的孟子有所謂「義利之辯」，強調義重於利益，墨子也崇尚義，但認爲義和利益沒有矛盾，用另

---

6. 《墨子‧經說下》：「景光之人煦若射，下者之入也高，高者之入也下。」

7. 即使戰死也不後退。

外一種墨學的話來說，行義的基本源頭在於兼愛，而兼愛和互利是相通的：兼愛就是讓百姓大眾都得到實質生活的改善，人人享有利益。其實兩家的說法可以相容，如果把「利」解釋為「個別利益」，把「義」解釋為「追求公利」，那兩邊都通了。墨家所說的利，就是兼愛、互利、盡一己之力以求大眾之利。[8]從現代經濟學的立論來看，如果把墨家所說的「利」，解釋為「效用」（utility）或福利（welfare），也就是個人得到的滿足感，就更清楚了。現代經濟學主張，整個社會應當追求「社會福利」（social welfare）的極大化，而社會福利就是社會各個成員「效用」的集合。這樣一來，墨家的主張不就和現代經濟學的旨趣完全相通嗎？

基本上，墨學應用於統治者，就是要求「愛民」，要求在統治時要為天下百姓興利，讓人人的生活都可以改善；墨學應用於個人，就是要有行俠仗義的精神，利用具體作為，來幫助眾人，與別人互利互通、共存共榮。另外，兼愛的一個精髓在於「平等」，主張眾生平等，所有人都受到同等的關懷和尊重。

---

8. 梁啟超所著《墨子學案》中主張：「墨學所標綱領雖有十條，其實只從一個根本觀念發出來，就是『兼愛』……墨子講兼愛常用『兼相愛交相利』六字連講，必合起來。他的意思……兼相愛是理論，交相利是實行這理論的方法。」（台北：台灣中華，1957，頁8。）

二、約翰・羅爾斯的《正義論》

美國已故的哲學家約翰・羅爾斯被公認為哲學與政治思想界的巨人。他的名著是1971年出版的《正義論》（*A Theory of Justice*），書中提出了公平（fairness）是正義（justice）的基礎和展現，一般稱為「作為公平的正義」（justice as fairness）。

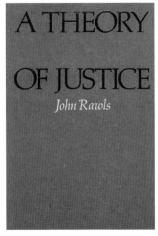

圖6.2　約翰・羅爾斯撰寫的《正義論》（1971）

來源：維基百科。

羅氏理論最大的特色，是要求任何人在做正義的判斷時，都必須在「無知之幕」（veil of ignorance）之下進行，才能達到公平的要求：也就是說，任何人在為一個社會選擇社會制度時，他對於自己會成為此社會中那一位成員，是無知的。

例如一個社會可能有白人、黑人、女人、男人、健康者、身障者、富有者、貧窮者等，各色各樣的成員，但一個人在做社會制度選擇時，不知道「以後」他會成為那一個成員。用佛教的「轉世」來比喻最貼切：他不知道會轉世到那一個社會裡、會投胎到那一個家庭、成為那一個成員。

基於這個思考的程序，羅爾斯在書中提出了一個促進社會公平的原則：社會制度的設計應該是去改善這個社會裡最不幸成員的地位——在無知之幕的背後，既有社會中各個成員的身分和地位的差異都消失了，任何人都有可能成為「未來社會」裡最不幸的成員，那麼當然應該最關心這位成員的福利；他把這個稱為「差異原則」（difference principle）。

　　不少人把這個原則用來作為對於功利或效益主義（utilitarianism）的否定。由於前述的「社會福利函數」被視為是效益主義的展現，也被波及。但是後來在經濟學的演變裡，這兩個不同的觀點已經得到整合。假設用 W 代表社會福利：

$$W = W(U_1, U_2, ..., U_n)$$

　　式中 W 是函數，$U_1, U_2, ..., U_n$ 是第1個、第2個……到第n個社會成員的效用（福利）。

　　現在的問題是如何寫出這個函數的內容？如果把函數寫成功利主義的一種原始樣式：

$$W = U_1 + U_2 + ... + U_n$$

　　這樣會有問題：表示可以大幅犧牲少數人的福利，只要因此換得其他人的福利增加更多就可以。

　　但是羅氏「差異原則」轉換成函數的寫法是：

$$W = \text{Min}(U_1, U_2, ..., U_n)$$

也就是社會福利定義於這個社會裡最悲慘成員的福利。這又極端了一點。

後來學者取中庸之道，認爲在無知之幕的背後，會選擇原始功利主義的人，是完全不懼怕風險的人；會選擇羅氏函數的人，則是極端懼怕風險的人；而中庸之道就是二者之間。

無論中庸之道落點在何處，都會在社會福利的定義中，給予社經地位較差者較大的權數。羅氏給最差者的權數是1，其他人都是0，中庸之道不會如此，但也一定比較關心社經地位較低者的福利。

本書的寫作出發點也是如此。

在第一章中，我們引用張氏夫婦的案例，作爲一個「典型」台灣家庭的縮影。但實際上，台灣家庭的差異很大，「典型家庭」不足以描述社會的眞相。以下我們用實際數字，來看看眞相的面貌。

三、五等分位的不同貧富家庭

台灣的主計處每年都進行「家庭收支調查」，而後依據結果發布家庭及個人所得分配的統計。不過，一般均認爲，這個調查低估了所得差距，因爲最富有的家庭不會願意接受調查，而最貧窮的家庭或個人，例如無家可歸的流浪漢，也調查不到。

不但如此，這個調查還有一個重大的問題，就是在發布家庭所得分配時，就絕大多數的統計表而言，都沒有考慮家庭成員的多寡。這是一個可怕、荒唐的缺失，但行之有年，好像也沒有人注意。

　　例如一個社會有兩個家庭，一個家庭是兩個成年人組成，為一對夫婦；另一個家庭是四個成年人組成，為一對夫婦加先生的父母。這六個人都有工作，每個人一年的薪水都是X元，六個人完全一樣。那如果不管家庭大小，只看家庭總所得，第二個家庭會是第一個家庭的兩倍。但其實在這個社會，所得分配是完全均等的，由此可見不顧家庭大小所可能產生的偏誤。

　　主計處在多年前，做國際比較時便注意到這個偏誤，後來在每年的綜合報告中，都會有一個「家庭所得五等分位分配狀況」（家庭收支調查報告綜合分析之表2）；在此表中，要很仔細看，才看得出來，主計處編製了兩種以「戶內平均每人」的觀念，來衡量家庭所得分配的公式，一是把家庭總所得除以戶內人口，另一是把家庭總所得除以開根號後的戶內人口。前者就是以戶內平均每人所得為衡量標準，後者則加入「家庭規模經濟」的考量，也就是戶內人口較多的家庭，基於規模經濟，其開支不是和人口數等倍數成長，而是有一部分可以共享，所以把戶內人口開個根

第八章　兼愛互利經濟學

號，讓戶內人口較多的家庭，其「實質所得」因此而增加。

這兩個公式，都比純粹比較家庭總所得來得有意義。奇妙的是，依據這個正確的所得定義，近二十年來台灣地區的所得分配呈現愈來愈平均的趨勢，和一般人的感覺相反。

不知道是否因為這個理由，家庭收支調查報告除了在綜合分析中提到這兩個正確的所得衡量標準外，後面各章的詳細表格資料都不再提這件事，一律採取有問題的方式，就是以家庭總所得來區分貧富，而不管家庭成員數的大小。

對於這份報告的使用者而言，如果需要使用詳細數字，就只能很無奈地使用主計處發表的、基於不太正確計算所產生的數字。

我們在此地也不得不如此做。我們希望把以上第5章表5.1（2020年台灣社會會計帳簡表）中，第H行，也就是家計部門所得的支出，再進一步依照貧富差距，分成五種不同家庭。我們只拆分兩個數字，一是消費（表5.1的第1列），另一是儲蓄（表5.1的第12列）。這兩個數字都非常重要，前者代表家庭成員的生活花費程度，後者代表家庭的財富累積。基本上，對任何一個家庭而言，消費愈高，代表生活水平愈高；儲蓄愈多，則代表財富累積愈快。

那我們就選取主計處在2021年10月所發表的2020年統計數字中，依照家庭總所得高低拆分為五等分之後，各等分家庭在總消費中所占的比率，以及各等分家庭在總儲蓄中所占的比率，作為拆分比率的依據，然後用此比率來對表5.1家計單位在109年所做的經常帳支出（該表H行），其中的消費和儲蓄兩個數字，進行拆分。

　　拆分的結果見以下表6.1。此表中右邊最後一行的數字，和表5.1中H行的數字完全相同。但表5.1中家計單位的經常帳只有這一行，而表6.1則把這一行拆分成5行，依照家庭的所得，由貧到富，分別稱為家計單位1、家計單位2……家計單位5。之前我們舉過一個「張氏夫婦」的典型家庭例子，這裡如果還是把這五個家庭都稱為張氏家庭，那家計單位1就是最貧的張氏家庭，2是中下張氏家庭，3是中等張氏家庭，4是中上張氏家庭，而5是富裕張氏家庭。

表6.1　2020年家計單位依貧富分等後的消費與儲蓄

		經常帳：機構	
		家計單位 1	家計單位 2
	綜合商品	878	1,382
	國內生產活動		
	勞動報酬		
	資本報酬		
經常帳：機構	非金融企業		
	金融企業		
	一般政府		
	家計單位		
	國外		
	所得收支小計		
資本帳	統計誤差		
	其他資本帳	-30	121
	資本帳小計		
	合計		
家計單位可支配所得		848	1,502
可支配所得占比		7.1%	12.7%
消費占比		9.1%	14.4%
儲蓄（財富增加）占比		-1.3%	5.3%

單位：10 億元台幣，%

經常帳：機構			
家計單位 3	家計單位 4	家計單位 5	小計
1,850	2,319	3,171	9,600
			3,341
246	504	1417	2,257
			2,257
			15,198
2,096	2,824	4,588	11,858
17.7%	23.8%	38.7%	
19.3%	24.2%	33.0%	
10.9%	22.3%	62.8%	

來源：作者設算而得。

四、貧窮家庭必須借債來消費，財富累積的6成3歸於富裕家庭

在2020年中，台灣地區共約有883萬戶，除以五等分，每等分就是177萬戶。依據表6.1，最貧的177萬戶，其數目差不多等於台灣西部之新竹、苗栗、彰化、南投、雲林、嘉義、屏東7個縣的戶數總和，儲蓄是負的。也就是所得不夠消費，必須靠借債或出售財產來度日。

最貧張氏家庭（表6.1中「家計單位1」），177萬戶，全年共消費8,780億元台幣，平均每戶消費49萬6千元，等於一個月消費4萬1千元。這些家庭，依據統計，平均戶內人口為1.6人，平均就業人口才0.39人。平均每人每月消費只有2萬5千多元，而平均每1位就業人口，要養3位被扶養人口。弘一大師所言：「時覺眼前生意滿，勿忘世上苦人多」，此之謂也。

中等張氏家庭（表6.1中「家計單位3」），平均戶內人口為3.04人，而平均就業人口為1.4人，大概1位就業人口扶養1位多一點的其他成員。這種家庭，全年消費1.85兆元，平均每人每月消費2萬8千元，也不算多。平均每戶全年儲蓄為13萬9千元，換算每月儲蓄1萬1千6百元。儲蓄是家庭財富累積的來源，所以這就是中等家庭財富累積的速度，相當緩慢。

最富的177萬戶張氏家庭（表6.1中「家計單位5」），平均每戶4.09人，平均每戶就業人口2.3人。消費額全年共3.17兆元，等同平均每人每月消費3萬6千5百元，每戶每月消費近15萬元。最重要的是儲蓄，平均每戶每年儲蓄80萬元。這個等級家庭的儲蓄，占了全國家庭儲蓄總額的6成3。這才是有意義的財富累積。

基本上，貧窮家庭無力累積財富，甚至必須消耗財富來度日，富裕家庭可以累積財富，久而久之，財富的不均度就會愈來愈大。

我們希望在資本帳方面，也可以把家計單位做如此的拆分，但可惜的是，連家計單位作為單一部門的拆分統計，如前所述，也只公布到民國90年（西元2001年）為止，更不用說把家計單位按照貧富做進一步的拆分。不過，我們可以猜測拆分的結果，就是貧窮家庭販賣實物或金融資產，或增加金融負債，以應付消費。富裕家庭有餘力買房子、買土地、增加銀行存款，或增購股票或債券。一旦房地產或股票增值，富裕家庭資產隨之水漲船高，而貧窮家庭可能沒有房地產，或只有很少的房地產，就沒有機會參與這個財富增值的主流活動。

第七章

———

金融財富的累積
知多少

和台灣一樣，「有土斯有財」，房地產的價值變動是韓國家計單位財富變動的最重要變數。

一、我們的統計工作跟不上韓國

在第五章，我們把民國90年（西元2001年）的台灣「機構別資本帳」編成表5.2。這個表的帳，也可稱為「資金運用帳」，或「非金融性資本流量」。那一年，是主計處最後一次編製這個帳表。

台灣停了，韓國沒有停。韓國非但沒有停，目前還是世界上政府統計最完整、在網站上公布最快，也是最清楚的國家之一。以出口為例，韓國每月出口數字的發布日期，早於世界上多數國家。

這讓我們想起，在1998年亞洲金融風暴的時候，外資撤離韓國，該國幾乎無法支付外債的利息，只能向IMF求救；韓國人把那天稱為「國恥日」。那時台灣的平均每人GDP高過韓國，而且受到金融風暴的影響較小，在國際上普遍被認為經濟實力超過韓國。

但是，韓國有很強的學習能力。風暴之後，韓國厲行改革，把沒有競爭力的企業做了整併，造就了現代汽車、三星電子和大宇重工等國際級企業的勃興。數年之後，也就是2002年之後，南韓的平均每人GDP超過台灣，直到最近幾年，才因韓元貶值和台幣升值而慢慢拉近中。不過，這不是唯一的重點，台灣物價較低，用購買力評價計算的平均每人GDP可能還是比韓國高，但是兩個經濟體不能光比所得，而是要看各個

不同面向。那麼至少，在政府統計的面向上，韓國不但傑出，而且還比很多已開發國家傑出。

在本章之前，我們介紹的帳表都是「實物帳」，也就是牽涉實物的移轉、和GDP有關的交易。本章要介紹金融交易。但在介紹之前，必須有區分機構（部門）的「資金運用帳」（資本帳的一環），才能把實物和金融交易連結起來。在台灣，由於2001年起沒有資金運用帳，這樣的連結無法在可區分機構的基礎上建立。所以在第五章，只能把資金運用以不區分機構的方式統合處理。

但是為了澄清觀念，我們在此把韓國於2019年的整個帳表整理出來。這個整合經常帳、資本帳、金融帳的大表，被稱為是「金融社會會計帳」（financial social accounting accounts）；由於具有矩陣形式，又被稱為是「金融社會會計矩陣」（financial social accounting matrix，簡稱FSAM）。這樣一個表，就是整個社會實物交易、資本交易和金融交易的完整顯現。[9]

---

9. 有關其他國家的類似帳表分析，參見Li(2008)、Liu等(2015)、Emini and Fofack(2004)、Aslan(2007)及Ayadi and Salem(2014)。

表7.1 韓國2019年金融社會會計帳（2之1）（待續）

			綜合商品	生產活動	勞動	資本
			A	B	C	D
	綜合商品	1		2,473,729		
	生產活動	2	3,642,364			
	勞動	3		913,409		
	資本	4		826,673		
經常帳：機構	非金企業	5				444,118
	金融企業	6				48,155
	一般政府	7		184,416		71,152
	家計單位	8			912,413	280,854
	國外	9	702,082			
	小計	10				
廣義投資		11				
存貨變動		12				
資本帳：機構	非金企業	13				
	金融企業	14				
	一般政府	15				
	家計單位	16				
	國外	17				
	小計	18				
非生非金		19				
貸出淨額		20				
合計		21	4,344,445	4,398,227	912,413	844,279
金融資產增加		22				
金融貸出淨額		23				

經常帳：機構					
非金企業	金融企業	一般政府	家計單位	國外	小計
E	F	G	H	I	J
		146,096	1,118,501		
				755,863	
				-996	
				17,606	
					44,793
					90,044
					389,990
					511,383
					19,474
117,143	116,084	365,829	443,051	13,578	
371,768					
	22,115				
		133,635			
			143,097		
				-64,495	
488,911	138,199	645,559	1,704,649	721,556	

第七章　金融財富的累積知多少

表7.1　韓國2019年金融社會會計帳（2之2）（續完）

			廣義投資	存貨變動	資本帳：機構 非金企業	金融企業
			K	L	M	N
經常帳：機構	綜合商品	1	579,002	27,117		
	生產活動	2				
	勞動	3				
	資本	4				
	非金企業	5				
	金融企業	6				
	一般政府	7				
	家計單位	8				
	國外	9				
	小計	10				
	廣義投資	11			384,006	10,370
	存貨變動	12	27,117			
資本帳：機構	非金企業	13				
	金融企業	14				
	一般政府	15				
	家計單位	16				
	國外	17				
	小計	18				476
	非生非金	19			41,239	2,073
	貸出淨額	20			-48,309	9,196
	合計	21	606,119	27,117	376,935	22,115
	金融資產增加	22			103,968	618,689
	金融貸出淨額	23			-52,943	3,641

資本帳：機構				合計	金融負債增加
一般政府	家計單位	國外	小計		
O	P	Q	R	S	T
				4,344,445	
				4,398,227	
				912,413	
				844,279	
				488,911	
				138,199	
				645,559	
				1,704,649	
				721,555	
97,656	114,088		606,119	606,119	
				27,117	
			5,167	376,935	156,911
				22,115	615,048
				133,635	50,567
			6,518	149,615	89,154
			4	-64,491	106,680
11,214					1,018,360
6,371	-49,490	-193	0		
18,393	85,017	-64,298	0		
133,635	149,615	-64,491	617,809		
69,155	181,605	44,944	1,018,361		
18,588	92,451	-61,736			

來源：作者由韓國中央銀行等機構發布資料整理而來。

二、韓國和台灣的相似之處：有土斯有財、金融交易凌駕生產性交易

　　表7.1和第5章表5.1「2020年台灣社會會計帳簡表」類似，但有四個不同。第一個不同，比較沒有實質上的重要性，亦即在韓國的金融社會會計帳中，特別分出了「廣義投資」和「存貨變動」兩個項目，前者的意思就是「固定資本形成」（「生產性投資」或簡稱「投資」）加「存貨變動」。弄出這兩個項目的意義，是要在機構別的資本帳中把「投資」和「存貨變動」合併處理，但是又希望在帳表的其他地方，可以看出「投資」和「存貨變動」個別的數字。

　　第二個不同，是對「折舊」的處理不同。在台灣的表5.1中，折舊出現在「生產活動」那一行與「資本帳」列的交會（3.155兆），但在韓國的表7.1中，「生產活動」（第B行）中，「資本帳」（列13-20）沒有數字，這是因為在韓國的帳表中，它被當作是「資本報酬」的一部分（見欄位「4，B」）。然後隨著資本報酬的分配，分到了「非金融企業」、「金融企業」、「一般政府」和「家計單位」，成為它們的經常帳收入，最後，又跟著這些機構的經常帳支出（表7.1第E到H行），被列在這些機構的「儲蓄」（見表7.1之欄位「13，E」、「14，F」、「15，G」及「16，

H」）。所以在韓國的表7.1中，各國內機構的儲蓄包含折舊，但在台灣的表5.1中，儲蓄和折舊分別列帳。

剩下的兩個不同，則是表5.1和7.1實質上的重大差異。一個是在表7.1中，我們可以依據韓國政府發表的統計，而把區分機構（部門）別的資本帳交易列出（表7.1的第M到R行）。但是，在這個帳表裡，機構彼此之間的資本移轉收支部分（表7.1的第M-R行與第13-17列的交會處），我們無法區分出細項，只知道各機構資本移轉收入的小計（第R行和第13-17列的交會），以及資本移轉支出的小計（第18列和第M-Q行的交會）。這情況就和之前表5.1的機構別經常帳移轉收支一樣，也和表7.1在經常帳移轉收支（第E-I行與5-9列的交會）方面的處理一樣。

從表7.1機構（部門）別的資本帳中，可以看出各機構的資本帳資金流動狀況。以家計單位為例（表7.1第16列與第P行）：這個機構的資本收入來源有二，一是儲蓄，共143.097兆韓元（欄位「16，H」），二是資本移轉收入，例如家計單位的生產部門所得到的政府投資獎勵，共6.518兆韓元（欄位「16，R」），二者合計149.615兆韓元（欄位「16，S」）。

那家計單位如何支用這個資本收入總額呢？其中有114.088兆韓元（欄位「11，P」）是此單位所從事購買

新生產的房屋建築，或是此單位的生產部門所做的其他固定資本形成（購置廠房、設備等）加存貨變動。另外，此單位有從事非金融非生產資產（如土地）的出售49.49兆韓元（欄位「19，P」）：此欄本屬於「資本『支出』」欄，但因為為負數，表示出售額大於購買額，所以有淨收入。家計單位剩下的金額呢？就是「貸出淨額」（net lending），也就是可用於購買金融資產或減少負債的額度，等於85.017兆韓元（欄位「20，P」）。

韓國另編有金融交易帳。依據那個帳，家計單位的金融資產（例如銀行存款、所持債券、股票、基金等）在2019年增加了181.605兆韓元（欄位「22，P」），而金融負債（例如向銀行貸款）則增加了89.154兆韓元（欄位「16，T」）。前者減後者，表示該年家計單位金融資產減負債的淨額共增加了92.451兆韓元（欄位「23，P」）。這個數字，照理應該和「貸出淨額」完全一樣，但可惜即便在統計制度十分健全的韓國，兩者還是有落差，只是這個落差約7.5兆韓元，大約是總額的8%左右，應該不算離譜。

另外，從這個韓國的金融社會會計矩陣可以看出，資本帳各機構的貸出淨額加起來必然等於零（欄位「20，R」），原因很簡單，一個機構的貸出，必然

是另一機構的借入，兩兩相抵，總額必是零。不過，因爲「機構」裡有一個是「國外」，大家可以發現，韓國的國外貸出淨額是負的，計負64.298兆韓元（欄位「20，Q」），這基本上反映韓國是出超國家：表7.1顯示，韓國經常帳的順差爲64.495兆韓元（欄位「17，I」），另外韓國的國外部門資本移轉收入爲40億韓元（欄位「17，R」），合計負64.491兆韓元（欄位「17，S」）。這個總額有很小一部分被負的資本移轉支出（表示其實還有資本移轉收入）（負）0.193兆韓元（欄位「19，Q」）抵銷，剩下的國外部門「貸出淨額」就是負64.298兆韓元（欄位「20，Q」）。

果然，國外部門在2019年對韓國的金融負債增加，包含韓國央行的外匯存底增加、韓國企業海外金融資產的增加等，合計106.680兆韓元（欄位「17，T」），遠大於其金融資產的增加44.944兆韓元（欄位「22，Q」）。

韓國除了有金融社會會計矩陣外，也有各機構的財富統計，在此我們不列出，只提出兩點觀察到的特性：

1. 和台灣一樣，「有土斯有財」：房地產的價值變動是韓國家計單位財富變動的最重要變數；此價值之變動，來自新購房地產和既有房地產之增值，其中

後者占有重要比率。這表示，和台灣一樣，持有大量房地產，等待其升值，是最有效果的財富累積途徑，其數額遠超過辛苦工作所累計的儲蓄。

2. 和台灣一樣，金融交易盛行：從表7.1可以看出，光是新增金融資產（或負債）的交易，就達到1,018.36兆韓元（欄位「18，T」），如果再加上既有資產的交易，其金額遠超過與GDP有關的生產活動交易。

在台灣，薪資上升的速度跟不上房地產，在韓國，情況完全一樣，而且可能更糟。2017年南韓選出的總統文在寅，其任內有許多政績，但有一件事壞了他的名聲，就是在他任內，尤其是後半段，韓國房價飆漲，引發人民的反感；韓國中央銀行看情況不對，緊急調升利率，但還來不及抑制房價，就到了大選時刻。原本各界看好的執政黨總統候選人在2022年的大選中落敗，而由反對黨的尹錫悅當選總統，房價便是影響選舉結果的一個重要因素。

第八章

沒有貨幣的貨幣
經濟學：如何研判
金融中介的適當
程度？

金融市場如水，可以載舟，也可以覆舟；載舟表示籌資管道多元化，有利於廣義投資的進行，也讓資產可以靈活變現；但如果金融市場因為貨幣發行沒有節制而過度膨脹，造成金融資產價格的泡沫化，形成系統性金融風暴，就反而變成「覆舟」了。

一、總體經濟學者如何消滅「貨幣數量」？

在經濟發展學的早期文獻中，曾經把廣義的貨幣供給 M2（通貨＋支票存款＋定期存款）除以名目 GDP，作爲所謂的「金融深化」指標。當時的學者認爲，在很落後的社會，許多與 GDP 相關的交易沒有透過貨幣來進行，例如農家消費自己所生產的農產品、物物交易，或者投資者靠自有積蓄爲財源等。如果 M2/GDP 上升，表示一個社會從原始狀態，演變到多用金融中介的狀態，算是經濟發展中的一種「進步」。

但是後來的學者發現，如果 M2/GDP 節節升高，有另一個可能，就是經濟過熱。如同我們在前幾章所說，如果一國的金融市場非常熱絡，例如股市交易量很大，M2/GDP 也可能上升，但這不代表金融深化，更可能的是金融交易過熱，凌駕於 GDP 相關交易之上。

另外一個有趣的觀察是，如果把這個比率倒過來看，也就是名目 GDP 除以 M2，〔（名目）GDP/M2〕，那這是什麼？大家都應該對於「貨幣數量說」耳熟能詳。依據這個學說，通貨膨脹（可以 GDP 的平減指數爲代表，表示名目 GDP 與實質 GDP 之間的差別；也可以用消費者物價指數的上升率爲代表）一定是一個貨幣現象，也就是其根源必定是貨幣（可以 M2 爲代表）發行太多。這個學說的一個著名版本，是以

下這個貨幣數量方程式：

$$M \cdot V = P \cdot y$$

式中 M 為貨幣數量，V 是貨幣的「流通速度」，P 是「物價」，y 是實質產出（實質 GDP）。貨幣被認為就是要來做交易的，一塊錢貨幣乘上它的流通速度，也就是轉手次數，就等於它可以支援的交易總額；後者就以名目 GDP 做代表。這個方程式被認為是一個恆等式，是一個經濟學上的重要定律。我們可以把貨幣定義為 M2，那流通速度 V 就是：

$$V = \text{名目 GDP}/M2$$

貨幣數量方程式要具有基本意義，其前提就是 V 是穩定的，或者至少其變動是可以被預測或解釋的。如果 V 穩定，M2 和名目 GDP 之間的關係才會固定，才可以如貨幣數量說的極力支持者、諾貝爾經濟學紀念獎得主彌爾頓‧傅利曼（Milton Friedman）所說：「通貨膨脹是一個貨幣現象，放諸四海皆準。」那 V 穩不穩定呢？其變動可不可以解釋呢？從 Friedman and Schwartz（1982；研究期間涵蓋 1867-1975）[10]一直到

---

10. Milton Friedman and Anna J. Schwartz, 1982, *Monetary Trends in the United States and the United Kingdom: Their Relation to Income, Prices, and Interest Rates, 1867-1975*, Chicago: U. of Chicago Press.

例如Anderson-Bordo-Duca（2017；研究期間涵蓋1929-2013）[11]都認為V的變動是可以解釋的。

　　但是近20年來，認為V穩定或可預測的人愈來愈少；連帶地，貨幣數量說也愈來愈少人提。原因很簡單，看下面這張圖就可了解：

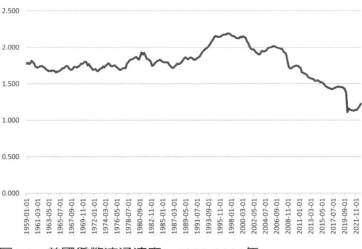

圖8.1　美國貨幣流通速度：1959-2021年

註：流通速度＝名目GDP除以M2（通貨＋支票存款＋定期存款）；
　　均經季節變動調整。

來源：美國聯邦儲備銀行聖路易斯分行。

---

11. Richard G. Anderson, Michael Bordo, and John V. Duca, 2017, "Money and Velocity During Financial Crises: From the Great Depression to the Great Recession," *Journal of Economic Dynamics and Control*, 81, 32-49.

由圖8.1可以看出，基本上，從2000年以後，要讓人相信V是穩定的，實在太難了。基本的原因在於，從2000年的葛林斯班（Greenspan）開始，到2008年金融海嘯的柏南克（Bernanke），都濫發鈔票；這些貨幣許多停留在銀行的超額準備，或者被拿去買賣房地產或股票，而不是與GDP有關的生產活動，所以貨幣數量說全面解體。

　　既然V不穩定，貨幣市場就沒辦法成為總體經濟模型中的一個重要單元，貨幣的多寡就愈來愈無法解釋經濟波動。經濟學家很聰明，他們想出了很多「繞過貨幣」的方法，例如「實質景氣循環」（real business cycles），又例如目前最流行的「動態隨機一般均衡模型」（dynamic stochastic general equilibrium models）。前者沒有貨幣；後者只有利率，沒有貨幣數量。基本上，「貨幣數量」這四個字，已經逐漸被主流總體經濟學者揚棄或迴避。

　　但是，也有經濟學者不走這條「鋸箭法」的路。其中作者非常佩服的一位就是維爾納（Richard Werner），他是一位德裔曾旅居英國的經濟學者。他發明了一個數量學說的修正版，叫作「信用數量說」

（quantity theory of credit）[12]。他的論點其實很直白，他認為：

1. 在銀行的資產負債表裡，貨幣是負債，信用（或稱放款）是資產，真正會產生經濟效果的是後者。

2. 銀行的統計上無法區分貨幣的「用途」，但每間銀行都可以區分信用的用途：他們一定會先審核用途，才批准放款。

3. 可以把信用分成兩種，一種是和GDP交易無關的，另一種是和GDP交易相關的。前者最好的代表就是股票交易和房地產貸款。

4. 他用日本和許多國家的資料證明[13]：把信用做這樣的區分後，和GDP交易相關的信用，其與名目GDP的關係很穩定，沒有近20年來忽然大幅下降的現象。可以說，他用「信用數量說」，「拯救」了貨幣數量說。

　　我們在這裡提他的看法，是要引證前面幾章的說

---

12. 見：Werner, Richard A.,1997, "Towards a New Monetary Paradigm: A Quantity Theorem of Disaggregated Credit, with Evidence from Japan," *Kredit und Kapital*, 30: 276-309。

13. 請看他極為精彩的著作《日圓王子：日本中央銀行與經濟轉折》：Werner, Richard A., 2001, *Princes of the Yen: Japan's Central Bankers and the Transformation of the Economy*. New York: M.E. Sharpe。

法，就是我們必須區分與 GDP 有關和 GDP 無關的交易。一個國家，如果沒有好好地控制其信用，把太多的信用使用到與 GDP 無關的既有股票交易，或者既有房地產的交易，那麼最後一定會造成股市和房市的過度上漲，甚至泡沫化。

尤其令人憂心的是，如果與 GDP 無關的股市和房市交易，已經大幅凌駕到與 GDP 有關的交易之上，那麼這個國家會投入很多資源到這些交易，對這個國家的長期生產力提升有不利影響。

二、銀行扮演什麼角色？

為了澄清銀行中介功能的本質，並明顯區分貨幣（存款）與放款的差別，我們特地利用韓國資料，做了一個模擬的金融社會會計帳，如下表8.1所示。

這個表和前一章表7.1都是韓國在2019年的金融社會會計帳，唯一的不同，就是它把表7.1中第22、23列的「金融資產增加」、「金融貸出淨額」，和第T行的「金融負債增加」，改為表8.1第22、23列「金融資產增加」的「銀行存款」與「銀行放款」，以及第T、U行「金融負債增加」的「銀行存款」和「銀行放款」。這個表裡的這些金融帳數字，是虛擬的（以斜線表示），不是實際的，所以它的名稱為「模擬金融社會會計帳」。模擬的假設如下：

1. 金融機構只有一種，就是銀行。金融資產只有兩種，就是「銀行存款」和「銀行放款」。

2. 所有四個國內機構的「廣義投資」（包含固定資本形成與存貨變動），其財源均來自向銀行取得放款。所以，表8.1中第11列的M到P行的數字，和同表第U行的13-16列數字完全相同。

3. 所有四個國內外機構的儲蓄以及其他可被（任何人）用來做廣義投資的資金來源，都存放在銀行，成為銀行存款。以「非金融企業」為例，此機構（或部門）的儲蓄有371.768兆韓元（表8.1欄「13，E」），另外有5.167兆韓元的資本移轉收入（表8.1欄「13，R」），合計376.935兆韓元（表8.1欄「13，S」，等於欄「21，M」），再扣除用來取得非金融非生產性資產（例如土地或智財權）的41.239兆韓元（表8.1欄「19，M」），剩餘的數字為335.696兆韓元，就全部存入銀行（表8.1欄「22，M」）。

4. 以上兩個假設的意義就是，沒有任何一家廠商或家庭用自有資金從事廣義投資。也可以想成：即使屬於同一機構（部門），有多餘資金的廠商（或家庭）本身都不投資，而需要資金來做投資的廠商（或家庭）本身都沒有閒餘資金。在這個模擬中，

銀行是扮演「完全的」中介角色：百分百地吸收儲蓄及其他閒餘資金，百分百地放款給需要投資的個體。

表8.1另外有幾件事需要特別說明：

1. 國外機構（部門）的貸出淨額：此機構依照定義，無境內生產或投資活動，所以無「廣義投資」。另此機構之儲蓄為負64.495兆韓元，表示南韓的經常帳有順差。此機構另有資本移轉收入40億韓元（表8.1欄「17，R」），合計負64.491兆韓元（見表8.1欄「17，S」或欄「21，Q」）。此數字再扣除用來取得非金融非生產性資產（例如智財權）的負1,930億韓元（表8.1欄「19，Q」；負數表示減少此資產），剩餘的數字為負64.298兆韓元，就比照表7.1，全部反映在銀行放款的增加（表8.1欄「17，U」），而不是反映在銀行存款的負增加（也就是減少）。就金融帳而言，其實這兩種方式都通，也就是國外機構可以透過向韓國銀行貸款，來彌補經常帳的差額，也可以透過在韓國銀行既有存款的提領（減少），來取得財源。但為了要與表7.1（實際韓國金融社會會計帳）易於比較，表8.1採取前者的作法。

2. 從各機構的資本帳可以看出，所謂可供投資的「剩

餘（或閒餘）資金」，如果像國外部門沒有廣義投資的話，就等於其在資本帳的「貸出淨額」（net

表8.1　韓國2019年模擬金融社會會計帳：假設銀行扮演完全中介角色（2之1）（待續）

			綜合商品	生產活動	勞動	資本
			A	B	C	D
	綜合商品	1		2,473,729		
	生產活動	2	3,642,364			
	勞動	3		913,409		
	資本	4		826,673		
經常帳：機構	非金企業	5				444,118
	金融企業	6				48,155
	一般政府	7		184,416		71,152
	家計單位	8			912,413	280,854
	國外	9	702,082			
	小計	10				
	廣義投資	11				
	存貨變動	12				
資本帳：機構	非金企業	13				
	金融企業	14				
	一般政府	15				
	家計單位	16				
	國外	17				
	小計	18				
	非生非金	19				
	貸出淨額	20				
	合計	21	4,344,445	4,398,227	912,413	844,279
金融資產增加	銀行存款	22				
	銀行放款	23				

從一本帳看懂經濟學：揭開人生和財富的奧祕

132

lending）。至於其他機構，「剩餘資金」就等於表
8.1中各機構的「貸出淨額」加「廣義投資」。

單位：10 億韓元

經常帳：機構					
非金企業	金融企業	一般政府	家計單位	國外	小計
E	F	G	H	I	J
		146,096	1,118,501		
				755,863	
				-996	
				17,606	
					44,793
					90,044
					389,990
					511,383
					19,474
117,143	116,084	365,829	443,051	13,578	
371,768					
	22,115				
		133,635			
			143,097		
				-64,495	
488,911	138,199	645,559	1,704,649	721,556	

表8.1　韓國2019年模擬金融社會會計帳：假設銀行扮演完全中介角色（2之2）（續完）

			資本帳：機構			
			廣義投資	存貨變動	非金企業	金融企業	一般政府
			K	L	M	N	O
經常帳：機構	綜合商品	1	579,002	27,117			
	生產活動	2					
	勞動	3					
	資本	4					
	非金企業	5					
	金融企業	6					
	一般政府	7					
	家計單位	8					
	國外	9					
	小計	10					
	廣義投資	11			384,006	10,370	97,656
	存貨變動	12	27,117				
資本帳：機構	非金企業	13					
	金融企業	14					
	一般政府	15					
	家計單位	16					
	國外	17					
	小計	18				476	11,214
	非生非金	19			41,239	2,073	6,371
	貸出淨額	20			-48,309	9,196	18,393
	合計	21	606,119	27,117	376,935	22,115	133,635
金融資產增加	銀行存款	22			335,696	19,566	116,049
	銀行放款	23				670,417	

資本帳：機構			合計	金融負債增加	
家計單位	國外	小計		銀行存款	銀行放款
P	Q	R	S	T	U
			4,344,445		
			4,398,227		
			912,413		
			844,279		
			488,911		
			138,199		
			645,559		
			1,704,649		
			721,555		
114,088		606,119	606,119		
			27,117		
		5,167	376,935		384,006
			22,115	670,417	10,370
			133,635		97,656
		6,518	149,615		114,088
		4	-64,491		64,298
				670,417	670,417
-49,490	-193	0	0		
85,017	-64,298	0	0		
149,615	-64,491	617,809			1,340,834
199,105		670,417	1,340,834		
		670,417			

來源：韓國中央銀行與作者自行計算。

3. 金融企業（銀行）的金融資產和負債增加：表8.1第22列的M-R行顯示，所有五個機構在2019年銀行存款的增加，合計670.417兆韓元。由於對銀行而言，存款是金融負債，所以相對應地，金融企業的金融負債在2019年增加了670.417兆韓元（表8.1欄「14，T」）。同理，四個需要銀行放款的機構，合計取得670.417兆韓元（表8.1欄「18，U」）的放款；這對銀行而言是資產，所以必須表達在金融企業的「金融資產增加」，也就是表8.1的第「23，N」欄。

4. 儲蓄等於投資：表8.1欄第20列的M-R行顯示，五個機構的貸出淨額加起來等於零；這不是偶然，而是必然。依據基本總體理論，我們得知：

儲蓄－投資＝出口－進口

也就是超額儲蓄必然等於出超。用社會會計帳的話來說，就是：

廣義國內儲蓄（含折舊）－廣義投資（含存貨變動）＝經常帳順差（如果放到等號左邊，就是國外部門的負「儲蓄」）

既然如此，暫時忽略「資本移轉」收支和「非金非生資產取得」的話，四個國內機構的「貸出淨額」（表8.1第20列的M-P行）其實就是各機構的「廣義儲蓄」（含折舊）減「廣義投資」（含存貨變動）。

而這四個國內機構「廣義儲蓄」減「廣義投資」的總和，必須等於經常帳順差，也就是說，四個國內機構的貸出淨額總和，減去經常帳順差後，必須等於零；而所謂「減去經常帳順差」，其實就是國外部門的負值「貸出淨額」。

用表8.1來說，意思是第20列的M-P行加起來，一定和同列第Q行的負數字抵銷，其總和必然等於零。

5. 對表中五個機構的任何一個而言，其金融資產的增加減去金融負債的增加（可稱為「金融貸出淨額」），必然等於其在資本帳的「貸出淨額」。例如非金融企業，其金融資產（銀行存款）增加為335.696兆韓元，減去其金融負債（銀行放款）的增加384.006兆韓元，得到負48.31兆韓元，就一定等於其在資本帳的「貸出淨額」負48.309兆韓元（表8.1欄「20，M」；尾數有差異是因為分項數字的四捨五入）。從這五個機構「貸出淨額」的正負符號來看，有淨資金需求（「貸出淨額」為負）的，是非金融企業和國外部門，而有淨資金供給（「貸出淨額」為正）的，則是金融企業、一般政府和家計單位，其中又以家計單位為最大來源。

6. 由於「金融貸出淨額」必然等於資本帳的「貸出淨額」，基於資本帳五個機構「貸出淨額」加起來為

零，同理，五個機構「金融貸出淨額」的合計，也必然爲零，這可從表8.1第22、23列（合併）和第S行的交集（金融資產增加合計），必等於同表第T、U行（合併）和第21列的交集（金融負債增加合計）看出。

7. 從表8.1這個模擬的金融社會會計帳更可以看出維爾納教授「信用數量說」的功用和意義。在表8.1中，銀行存款變動和放款總額變動的數字是相同的，可見這二者確實是同一事項的兩面：存款面是從銀行的負債面來看，而放款是從銀行的資產面來看。此外，在表8.1中，除了國外部門以外，所有銀行放款都是用於廣義投資，也就是和GDP相關的交易。用「信用數量說」的觀點來看，表8.1中放款的用途與非GDP交易（例如既有股票與房地產的換手）無關。當然，實際社會不可能如此，以下我們就分析模擬與實際的差別。

三、金融市場可以載舟也可以覆舟：用「金融相對密度」衡量金融企業的實際角色與模擬狀態的差別

表8.1中的金融帳是虛擬數字，實際數字見表7.1。在後者中，與表8.1一樣，金融資產增加的總額1018.361兆韓元（表7.1欄「22，R」），等於金融負債

增加的總額（表7.1欄「18，T」；尾數因四捨五入有些許差別）。而這個總額，比表8.1的模擬金融資產（或負債）增加總額1,212.239兆韓元要小。

我們可以用一個名稱，來描述這個差別。可以將二者的比率，稱為「金融相對密度」（financial relative intensity），所謂相對，當然是相對於以上所述銀行對「儲蓄和投資」的「完全中介」而言。在2019年的韓國，這個密度為1,018.361除以1,340.834，等於0.76。實際總額和虛擬總額之間有差別，可能原因如下：

1. 有不少部門的投資資金源自本身的儲蓄，不需要透過中介機構如銀行或其他金融機構，這會使實際數字比模擬的數字小。

2. 各部門金融負債的增加，不一定是用來做廣義投資（「固定資本形成」加「存貨變動」），有可能是用來買既有的股票、房地產，或其他金融資產如債券等，這會使實際數字比模擬的大。金融資產則為金融資產負債表的另一邊，原理也一樣，

在韓國，這兩個因素都有，只是前者的效果大於後者，兩兩相抵後，實際數字仍比模擬的為小。該國有許多大型企業集團，例如三星、現代、大宇等，這些集團於從事廣義投資時，的確不一定需要向外募資，可以使用本身的剩餘資金。

同樣在韓國，金融事業相當發達，讓以上第2點的力量也不會小。其實，就算廣義投資為零，一樣可以讓金融負債與資產同步增加，只要有發行方與購買方即可。例如可以發行新的共同基金，去購買股票或債券；基金一旦發行，只要有人買，發行方就產生金融負債增加，而買方就累積了等量的金融資產；其他例如期貨等衍生性金融商品，同理可推。如果金融市場非常發達，金融負債和資產變動的總額都會加大，但這些和 GDP 的交易都不一定有關係。金融市場如水，可以載舟，也可以覆舟；載舟表示籌資管道多元化，有利於廣義投資的進行，也讓資產可以靈活變現；但如果金融市場因為貨幣發行沒有節制而過度膨脹，造成金融資產價格的泡沫化，形成系統性金融風暴，就反而變成「覆舟」了。

第九章

金融海嘯前夕的盧森堡

「水能載舟，也能覆舟。」盧森堡的金融密度，使其面臨金融海嘯來襲時，經濟也受到了比其他國家更嚴重的衝擊。

一、為何選擇2007年的盧森堡？

本章要介紹盧森堡在2007年的金融社會會計帳，原因有二。其一，感謝該國 Hubic 博士的著作（Hubic, 2012），清楚介紹該國金融社會會計帳的來龍去脈，使得世人得以窺其全貌；其二，Hubic 博士所選擇的年分為2007年，正好是美國次貸風暴所引發全球金融海嘯的前一年，也是2003年以來美國和全球熱錢炒熱股市與房地產市場的最後一年。

盧森堡股市 LuxX 指數從2002年底的790點，一路上升到2007年年底的2,419點，不止三倍；在2007年當年，雖然漲幅已經趨緩，還漲了11.1%。結果到了次年（2008）年底，此指數被腰斬還不止，共下跌59.4%，成為981點。所以，2007年的盧森堡，會是一個有趣的股市泡沫破滅前夕的景象。

在以下的表9.1，我們依據 Hubic（2012）的詳細資料，整理出一個盧森堡在2007年的金融社會會計帳。這個表的格式和之前所述韓國的表類似，不必再詳細解釋，只需要補充以下幾點：

1. 此表對折舊的處理方式與台灣（表5.1）相同，是放在國內生產（表9.1第B行）的資本帳部分（同表第12到15列），而非像韓國，是含在國內生產所支付給資本的報酬內。

2. 此表將「稅」與「補貼」分離出來獨立立項，而非如前述台灣或韓國的帳，是直接歸於各機構或活動對於「一般政府」的租稅支付，或來自「一般政府」的補貼。例如：表9.1中的第「10，A」欄裡，有進口商支付給政府的進口稅；第「10，B」欄裡，有生產廠商支付給政府的生產相關稅負；第「10，C」欄裡，有資本報酬收受者支付給政府的營利事業所得稅；第「10，D」欄裡，有薪資收受者支付給政府的社會保險捐等等。所有這些稅，在第「10，R」欄合計後，再經由第J行，交付給盧森堡政府（欄「7，J」）和外國政府（欄「9，J」）。補貼之處理同理。

3. 無論在前述台灣或韓國的金融社會會計帳裡，我們均沒有區分各機構在經常帳內的相互移轉收支，也沒有區分這些機構彼此在資本帳內的移轉收支，但感謝Hubic（2012）的著作，表9.1可以將這些完整顯現，包含經常帳的移轉（第5-9列與第E-I行的交集）與資本帳的移轉（第12-16列與第L-P行的交集）。

4. 在Hubic（2012）的著作裡，盧森堡各機構在資本帳和金融帳的「貸出淨額」是相同的。這是一個了不起的成就，充分反映了國家統計工作的成熟度。我們之前提過，台灣從2002年開始，已經不再編製資本帳的分機構收支表，而韓國在2019年，各機構

在資本帳的「貸出淨額」（「儲蓄、折舊與資本移轉收入」的合計，減「廣義投資、資本移轉支出與非金非生資產取得」的合計），與同機構在金融帳（「金融資產增加」減「金融負債增加」）的金融帳「貸出淨額」不一致。但盧森堡的帳沒有這個問題，所以第17列的「金融資產增加」可以直接放在

表9.1　盧森堡2007年金融社會會計帳

				生產要素		經常帳：機構
		綜合商品	國內生產	資本	勞動	非金企業
		A	B	C	D	E
	綜合商品	1		69,636			
	國內生產	2	38,123				
生產要素	資本	3		13,198			
	勞動	4		16,136			
經常帳：機構	非金企業	5			4,853		-
	金融企業	6			3,692		3,938
	一般政府	7			127		141
	家計單位	8			2,316	8,123	172
	國外	9	53,847			5,047	9,206
	稅	10	3,342	758	2,211	4,006	-
	補貼	11	-294	-288			
資本帳：機構	非金企業	12		2,074			1,519
	金融企業	13		403			
	一般政府	14		602			
	家計單位	15		924			
	國外	16					
	金融資產增加	17					
	合計	18	95,018	103,443	13,199	17,176	14,976

資本帳的下方，而第 Q 行的「金融負債增加」則可以直接放在資本帳的右方；「貸出淨額」這個項目根本不必出現。

5. 2007年的盧森堡和2019年的韓國，一樣是出超國，享受經常帳的順差。在社會會計帳裡，這表示國外部門的儲蓄是負的（見表9.1欄「16，I」）。

單位：百萬歐元

經常帳：機構					
金融企業	一般政府	家計單位	國外	稅	補貼
F	G	H	I	J	K
	5,535	12,002			
			65,320		
			1,040		
2,087	149	89	7,797		
241	84	965	132,112		
436	-	11	45	13,557	-562
1,346	3,957	-	338		
134,186	1,626	539	3	74	-21
111	-	2,104	1,099		
2,623					
	2,404				
		541			
			-3,246		
141,031	13,755	16,252	204,508	13,631	-582

表9.1　盧森堡2007年金融社會會計帳（續）

			資本帳：機構		
			非金企業	金融企業	一般政府
			L	M	N
綜合商品		1	4,584	332	1,238
生產要素	國內生產	2			
	資本	3			
	勞動	4			
經常帳：機構	非金企業	5			
	金融企業	6			
	一般政府	7			
	家計單位	8			
	國外	9			
	稅	10			
	補貼	11			
資本帳：機構	非金企業	12	-	-	266
	金融企業	13	-	-	9
	一般政府	14	33	-	-
	家計單位	15	302	-	97
	國外	16	58	28	131
金融資產增加		17	62,404	448,552	1,751
合計		18	67,381	448,912	3,492

資本帳：機構			
家計單位	國外	金融負債增加	合計
O	P	Q	R
1,691	-		95,018
			103,443
			13,198
			17,176
			14,976
			141,031
			13,755
			16,252
			204,508
			13,631
			-582
-	-	63,522	67,381
-	-	445,878	448,913
58	16	378	3,491
-	31	2,077	3,972
2	-	378,749	375,722
2,219	375,676		890,602
3,970	375,723	890,604	

來源：Hubic（2012）經作者整理而來。

二、盧森堡的金融相對密度是韓國的53倍

我們比照上一章的韓國，製作了一個盧森堡在2007年的模擬金融社會會計帳，如表9.2。在該表中，除了金融帳的斜體數字為作者虛擬者外，其餘均與表9.1的實際數字相同，包含經常帳和資本帳。

和韓國的表8.1一樣，表9.2對於2007年盧森堡的金融制度和行為做了極端的假設：每一個國內機構的廣義投資資金來源均是銀行貸款，而且均把它的剩餘資金存到銀行；國外部門如果經常帳有缺口（表示盧森堡有經常帳順差），則向銀行借款來彌補。

我們可以同樣來計算一下「金融相對密度」，也就是實際金融資產（負債）變動總額，除以模擬總額的比率。依據表9.2和表9.1，這個比率是890,602百萬歐元除以10,918加10,919百萬歐元的和，等於890,602／21,837＝40.78。如果我們拿這個數字，和韓國的0.76相比，就可以看出盧森堡的特殊性，還有2007這一年的特殊性。

2007年的特性前面已經說過，其實盧森堡本身也有其特性。此國原來以生產鋼鐵聞名，後來轉型為金融中心。依據2019年的全球金融中心指標（Global Financial Centres Index），它是歐洲在倫敦和蘇黎世之後，最有競爭力的金融中心。一個占地僅只有2,586平

方公里、人口不到70萬人的國家，卻成為全球平均所得最高的經濟體之一，有超過150家的銀行在此設點，常住人口中接近一半是來自外國的移民或持有外國護照。

表9.2 盧森堡2007年模擬金融社會會計帳：假設銀行為儲蓄和投資間的「充分中介」

			綜合商品	國內生產	生產要素 — 資本	生產要素 — 勞動	經常帳：機構 — 非金企業
			A	B	C	D	E
	綜合商品	1		69,636			
	國內生產	2	38,123				
生產要素	資本	3		13,198			
	勞動	4		16,136			
經常帳：機構	非金企業	5			4,853		-
	金融企業	6			3,692		3,938
	一般政府	7			127		141
	家計單位	8			2,316	8,123	172
	國外	9	53,847			5,047	9,206
	稅	10	3,342	758	2,211	4,006	-
	補貼	11	-294	-288			
資本帳：機構	非金企業	12		2,074			1,519
	金融企業	13		403			
	一般政府	14		602			
	家計單位	15		924			
	國外	16					
金融資產增加	銀行存款	17					
	銀行放款	18					
	合計	19	95,018	103,443	13,199	17,176	14,976

單位：百萬歐元

經常帳：機構					
金融企業	一般政府	家計單位	國外	稅	補貼
F	G	H	I	J	K
	5,535	12,002			
			65,320		
			1,040		
2,087	149	89	7,797		
241	84	965	132,112		
436	-	11	45	13,557	-562
1,346	3,957	-	338		
134,186	1,626	539	3	74	-21
111	-	2,104	1,099		
2,623					
	2,404				
		541			
			-3,246		
141,031	13,755	16,252	204,508	13,631	-582

表9.2　盧森堡2007年模擬金融社會會計帳：假設銀行為儲蓄和投資間的「充分中介」（續）

			資本帳：機構		
			非金企業	金融企業	一般政府
			L	M	N
	綜合商品	1	4,584	332	1,238
	國內生產	2			
生產要素	資本	3			
	勞動	4			
經常帳：機構	非金企業	5			
	金融企業	6			
	一般政府	7			
	家計單位	8			
	國外	9			
	稅	10			
	補貼	11			
資本帳：機構	非金企業	12	-	-	266
	金融企業	13	-	-	9
	一般政府	14	33	-	-
	家計單位	15	302	-	97
	國外	16	58	28	131
金融資產增加	銀行存款	17	*3,466*	*3,007*	*2,610*
	銀行放款	18		*10,919*	
	合計	19	8,443	14,286	4,351

資本帳：機構		金融負債增加		
家計單位	國外	銀行存款	銀行放款	合計
O	P	Q	R	S
1,691	-			95,018
				103,443
				13,198
				17,176
				14,976
				141,031
				13,755
				16,252
				204,508
				13,631
				-582
-	-		4,584	8,443
-	-	10,918	332	14,285
58	16		1,238	4,351
-	31		1,691	3,586
2	-		3,074	47
1,835				10,918
				10,919
3,586	47	10,918	10,919	684,955

來源：Hubic（2012）經作者整理，以及作者製作之斜體數字部分。

這樣一個小型、開放的金融據點，莫怪其金融相對密度超過40，等於是韓國的53倍。我們光看「國外部門」就知道端倪：在表9.2中，國外部門僅需從銀行取得3,074百萬歐元的貸款，就可以應付其經常帳加資本移轉的不足。但實際上，這個部門一共增加了378,749百萬歐元的金融負債，同年增加了375,676百萬歐元的資產；前者減後者，確實等於3,074百萬歐元（尾數因四捨五入有差異）；但3,074百萬歐元這個數字，相對於實際的金融資產或負債增加，實在連「零頭」都談不上。

　　這就好比有一人需要1萬元的資金來做固定資本形成的實體投資，但是他卻發行了債券、向銀行借款等，一共新舉了126萬元的債，而且取得了股票、債券、基金等金融資產共125萬元。那這個人的本業或主要興趣，顯然不是實體投資——他的主業是從事金融交易、借錢來投資金融商品，獲得利潤；所謂實體投資，也就是和GDP有關的投資，只是不關痛癢的零頭副業而已。

　　在盧森堡的國外部門也是一樣。盧森堡有從這個部門進口產品，也對這個部門有出口，還有一些其他的零星資本移轉支付。但是這些與盧森堡GDP相關的進出口活動，不是國外部門在盧森堡經濟活動的主流，

而只是點綴而已。國外部門的主流，是在盧森堡買賣金融資產，並在其中獲利。事實上，依據 Giordana and Schumacher（2013）的研究，盧森堡境內大多數銀行是國外銀行的分支，跨境金融是家常便飯。[14]

誠如前一章所說，「水能載舟，也能覆舟」。盧森堡的金融密度，在股市和其他金融市場繁榮的時候，可以讓盧森堡的經濟出現比其他國家更爲亮麗的表現。但同樣地，當次年（2008）金融海嘯來襲時，盧森堡的經濟也受到了比其他國家更嚴重的衝擊。

14. Gaston A. Giordana and Ingmar Schumacher, 2013, "Bank Liquidity Risk and Monetary Policy: Empirical Evidence on the Impact of Basel III Liquidity Standards," *International Review of Applied Economics*, 27:5, 633-655, DOI:10.1080/02692171.2013.778821.

第十章

我們從「一本帳」
學到什麼？

經濟學上最重要的目標，就是求取普遍人民福祉的增加，尤其應該關注弱勢百姓生活的改善。

本書的「一本帳」從一個台灣的典型「張氏夫婦」家庭記帳出發，然後擴大到整個社會的「社會會計帳」，再擴充到「金融社會會計帳」，最後配上財富分析。

　　我們分析了2020年的台灣、2019年的韓國和2007年的盧森堡。

　　在社會會計帳的經常帳裡，我們知道生產活動如何使用原料、如何創造資本和勞動的報酬，也知道這些報酬如何分配或移轉給不同的機構（部門），然後這些機構如何使用這些報酬來從事消費和儲蓄。

　　在社會會計帳的資本帳和金融社會會計帳裡，我們知道各機構的剩餘資金，也就是儲蓄加資本移轉的淨收入，是如何被運用的：什麼比率用來從事實體投資（固定資本形成加存貨變動）、什麼比率用來購置非生產性非金融資產（主要是土地）、什麼比率用來增加金融淨資產，而在增加金融淨資產的時候，如何區分成金融資產的累積和金融負債的增加。

　　最後，我們研究了各機構的財富（淨值）帳。我們分析，各機構財富的增加，除了以上所說固定資本形成、存貨增加、非生產非金融性資產的增加、金融淨資產的增加以外，還有沒有其他的途徑？是否包含既有股票的增值、房價的增值、土地來自地目變更及原地目地價上漲的增值？

我們也介紹了「公平」的概念，提及兩位在這方面論述有啓發性的先哲，一位是中國的墨子，一位是美國的約翰·羅爾斯。無論依據那一位的理論，經濟學上最重要的目標，就是求取普遍人民福祉的增加，尤其應該關注弱勢百姓生活的改善。

本章接著要做個結論式的分析。

一、房地產是亞洲財富的主流：儲蓄可累積財富，但既有資產價值的增加才是致富的捷徑

至少在台、韓，也相信在整個亞洲，我們看到同樣的主流財富累積模式，就是「有土斯有財」。在韓國，房地產代表了76%的家計單位財富，而有84%的家計單位財富變動來自既有資產的「價值」（holding gains）和「數額」（other volume changes）的變動；前者就是房地產和股票的增值，後者主要是土地的變更地目。台灣的情況沒有具體的數字，但是應該相去不遠。

二、GDP 活動是經濟學教科書的主流帳本，但卻是實際社會致富活動的配角

經濟學的教科書很仔細地定義 GDP，但在分析 GDP 變動的時候，卻往往發生邏輯上的錯誤，例如「民間消費變動是推動 GDP 上升的主要力量」，本書在第四章已經對此有完整的分析。

我們也不得不指出，在看完所有帳表後，我們發現，父母和社會教導我們的：要接受好的教育、尋找好的工作、獲得高薪，看起來都沒有錯，但我們不禁想起《富爸爸，窮爸爸》一書中所說的「負債循環」：薪水愈高、消費愈高、負債愈高，最後陷入惡性循環，無法真正累積財富。一個人要逃脫這個循環，必須先準確區分「資產」和「負債」，前者產生收入，後者則是為銀行工作。有了儲蓄，累積了資產，讓資產產生收入，再持續累積，才能創造財富。

在過去多年以來，大多數社會裡已經有資產的人，從事的主流交易是買賣股票和房地產，和GDP無直接相關。GDP的生產和儲蓄，裡面有人民的血、人民的汗，但這些生產和儲蓄的金額，相對於股市和房地產市場，只是配角，有時甚至只是零頭。

會造成這種現象，過度擴張的貨幣政策，接近20年來以美國為首、帶動全球走向低利率及高貨幣發行的政策，是問題的核心。利率低，資產（包含股市和房地產）的價格會上漲，這是經濟學的鐵律，也是過去近20年來的常態。這樣的常態，使得持有股票、持有房地產、等待漲價的利益，遠大於辛苦工作、辛苦儲蓄的利益。

當然，這樣的狀況不可能永遠持續下去。有一天，與 GDP 有關的消費者物價會開始上漲，也有一天，因為荒廢工作而造成的生產力損失，會回過頭來侵蝕這個社會。到了那一天，會忽然發現，實質經濟的成長好像有一段時間停滯了，產生所謂「失落的十年」，一個十年、兩個十年、三個十年……[15]

三、經濟理論的真正構成基礎在那裡？

所有的經濟理論都號稱需要「個體基礎」，也就是要從個別個人或廠商追求其各自效用或利益出發。

這樣的講法忽視掉除了個體基礎以外，「總體會計基礎」（macro-accounting foundation）一樣重要。這裡所謂的「總體會計基礎」，就是全社會的「預算限制」。經濟學的精髓，就是在預算限制之下做最好的選擇；沒有預算限制，就不會有「選擇」的問題，也就沒有所謂「個體基礎」的效用或利潤極大化問題。孔子說：「不知生，焉知死？」我們可以說，如果學習經濟學，連「預算限制」都寫不出來，或無法正確地寫出來，其他都不用談了。

---

15. 請參見作者所編撰的一書：*Lost Decades in Growth Performance: Causes and Case Studies*, edited by Yun-Peng Chu, 2015, Hampshire, UK: Palgrave Macmillan；詳Chu（2015a、2015b）。

我們必須沉重地指出，要知道「預算限制」，不管是個人、個別部門或全體部門的「預算限制」，應該先了解「金融社會會計帳」和「財富帳」（資產負債表）的來龍去脈。而這些就是本書的重點，也就是敲醒腦袋的一根棒子。

我們以下就不同層面，對此再做較詳細的分析。

四、經濟理論如何解釋社會會計帳裡的數字？

社會會計帳是社會經濟活動的縮影，裡面都是發生交易或移轉的實際數字。

不同的經濟理論，對於社會經濟運行制度的不同認知，會對這些數字的出現有不同的解讀。例如：在前蘇聯經濟活動都由政府控制的時代，這些數字可能是「國家經濟計畫」的產物，也就是政府決定各部門的生產和分配。政府在做決定時，需要讓計畫數字彼此之間有會計上的一致性，所以會借重社會會計帳。這個帳最早源自投入產出表，或稱產業關聯表，其發明人里昂鐵夫（Wassily W. Leontief）就是一位俄裔的經濟學家（後來歸化到美國）。

但一個社會如果採取市場經濟，這些數字就會有不同的解讀：通常會認為欄內的數字記載了市場發生的「交易金額」，等於價格乘以數量。如果從「新古

典」經濟的角度，更認爲這套數量和價格是「均衡」值的表現，也就是買賣雙方基於自身利益所達到的協議。

　　爲了詳細闡釋新古典經濟學者如何看待這些數字，我們要用盧森堡的2007年數額，經簡化、修改後作爲一個案例，也就是把上一章的表9.1修改爲表10.1。

表10.1　盧森堡模擬封閉經濟社會會計帳

			生產要素			
			綜合商品	國內生產	資本	勞動
			A	B	C	D
	綜合商品	1		69,636		
	國內生產	2	103,443			
生產要素	資本	3		13,198		
	勞動	4		16,136		
經常帳	企業	5			8,545	
	一般政府	6			127	
	家計單位	7			2,316	10,807
	國外	8				
稅減補貼		9		470	2,211	5,329
資本帳	企業	10		2,477		
	一般政府	11		602		
	家計單位	12		924		
	國外	13				
	貸出淨額	14				
非金融帳合計		15	103,443	103,443	13,199	16,136

從一本帳看懂經濟學：揭開人生和財富的奧祕

經常帳				稅減補貼
企業	一般政府	家計單位	國外	
E	F	G	H	I
	5,535	10,987		
				9,709
		1,699		
8,545				
	4,301			
		437		
8,545	9,836	13,123		9,709

表10.1　盧森堡模擬封閉經濟社會會計帳（續）

			資本帳				
			企業	一般政府	家計單位	國外	小計	非金融帳合計
			J	K	L	M	N	O
生產要素	綜合商品	1	13,232	2,728	1,326		17,285	103,443
	國內生產	2						103,443
	資本	3						13,198
	勞動	4						16,136
經常帳	企業	5						8,545
	一般政府	6						9,836
	家計單位	7						13,123
	國外	8						
	稅減補貼	9						9,709
資本帳	企業	10						11,022
	一般政府	11						4,903
	家計單位	12						1,361
	國外	13						
	貸出淨額	14	-2,210	2,176	35		1	
	非金融帳合計	15	11,022	4,903	1,361		17,286	

註：「企業」含「非金融企業」與「金融企業」，後者含「中央銀行」；「一般政府」不含「中央銀行」。

來源：作者由Hubic（2012）修改而來。

從一本帳看懂經濟學：揭開人生和財富的奧祕

和原先的表9.1相比，表10.1有以下的重大簡化：

1. 「國外」部門都沒有數字，所以盧森堡成為「閉鎖」（或「封閉」）型經濟。

2. 「非金融企業」和「金融企業」合併，稱為「企業」。

3. 「稅」和「補貼」合併為「稅減補貼」。

4. 忽視了大多數的經常帳移轉（除了家計單位付給政府的所得稅以外，見表10.1欄「9，G」），以及所有的資本帳移轉。

5. 不再有「金融資產增加」和「金融負債增加」，但是把各部門前者減後者的差額，改用「貸出淨額」來表示。

由於把國外部門拿掉，表10.1的許多數字和表9.1有很大的差異，但其基本架構還是一樣。我們看到：

1. 每一行的合計數，和同名稱的列的合計數相等：如果有差異，只是四捨五入所導致的尾數差距。

2. 在大多數國家，企業體的貸出淨額為負，表示其投資需求超過其本身的儲蓄（含折舊），但在2007年的盧森堡，表9.1顯示，「非金融企業」加「金融企業」的「金融資產增加」（62,404加448,552百萬歐元），大於「金融負債增加」（63,522加445,878百萬歐元），表示「企業」反而成為儲蓄資金過剩

的部門；如果在那個表中有「貸出淨額」一欄的話，對企業而言，其數值會是62,404和448,552百萬歐元的合計數，減去63,522和445,878百萬歐元的合計數，等於1,556百萬歐元。在表10.1中，我們故意改變了這個現象，增加了「企業」的「投資」，其「貸出淨額」轉為負2,210百萬歐元，使企業成為是儲蓄資金的不足者，和大多數國家一致。

3. 表9.1中的「一般政府」和「家計單位」均為儲蓄資金的過剩者，也就是其金融資產增加大於當年的金融負債增加；這個特性在表10.1中均維持：「一般政府」和「家計單位」的貸出淨額均為正。

4. 在表10.1中，三個機構（部門）的貸出淨額加總應該等於零；表中實際顯示的「1」（表10.1欄「14，N」），其實是四捨五入導致的尾數差異；如果沒有這個差異，的確應該為零。

五、新古典經濟理論的文字解釋

從新古典經濟理論來看，表10.1中的數字應該怎麼解釋？依據這個理論，勞動市場、商品市場和借貸市場的市場都可以被假設是完全競爭，可以產生「均衡」價格，那表10.1中的數字，其實就反映了均衡價格下所產生的交易。

一個符合新古典理論的簡化邏輯大概是這樣：

1. 生產函數：生產量取決於期初資本存量（固定不變）、所使用的中間產品數量（其與產出量的比率不變）以及所使用的勞動量。

2. 勞動市場：假設供給為固定，需求則來自處於完全競爭的廠商，後者為追求利潤最大，會依照勞動的邊際產值（value of marginal product）來支付薪資，而且會僱用所有勞動供給者，達成充分就業。配合資本存量、中間產品使用數量，生產量就被決定了。

3. 資本報酬：廠商從生產之收入，扣除繳納給政府的稅、購買中間原料支出以及提列折舊（資本消耗）後，所餘的部分支付給生產要素，也就是勞動和資本。支付給勞動者的是其平均薪資乘以人數，再剩下來的，就是資本報酬（又稱資本收入或營業盈餘）。這個報酬要課稅，一般是指營利事業所得稅，而得到稅後資本報酬。

4. 家計單位所得：來自扣除薪資稅負後的勞動報酬，以及部分家計單位作為生產者所得到的（稅後）資本報酬。

5. 家計單位消費與儲蓄：家計單位所得扣除繳納給政府的綜合所得稅後，用於消費，剩下來的是儲蓄。

6. 企業所得：企業的生產活動，所產生（稅後）資本報酬。

7. 企業儲蓄：假設企業不消費，故其所得全數成為儲蓄。實務上，企業不會將其所得全數轉為儲蓄，而會將其一部分甚至全部經由股利分配給股東，這些理論上會在社會會計帳的企業到家計單位，或政府的經常移轉支付裡面呈現。但在表10.1中，我們已經假設家計單位繳給政府綜合所得稅以外的經常帳移轉均不存在，故等同於假設企業所得全數用於儲蓄（未分配盈餘）。

8. 一般政府所得：來自導因於政府從事生產活動而得到的政府（稅後）資本報酬、各種稅收（來自生產、資本報酬、勞動報酬以及家計單位所得）減補貼（通常只發生於生產）。

9. 企業投資：取決於實質利率等變數。

10. 政府投資：取決於政策。

11. 家計單位投資：取決於實質利率等變數。

12. 商品市場：生產的供給量必須等於總需求量，後者等於中間需求、各部門消費以及各部門投資。讓需求等於供給的力量來自價格調整：如果需求大於供給，價格上升，於是需求減少，反之則價格下跌，需求上升。

13. 借貸市場：供給面來自儲蓄加折舊，需求面來自投資。二者均受到實質利率的影響，如果需求大於供給，利率就會上升，使得需求減少、供給增加，反之利率就會下降。

所以，在這樣一個簡化的、閉鎖型、還沒有考慮貨幣的新古典經濟體裡，主要的市場運作有三：勞動市場，決定薪資；商品市場，決定商品價格；借貸市場，決定利率。

這三個市場中的勞動市場不會直接在社會會計帳裡表現，而是隱藏在勞動報酬和資本報酬（合稱生產要素報酬）的背後。直接在社會會計帳裡表現的就是商品市場和借貸市場。在表10.1中，前者的總需求等於103,443百萬歐元（表10.1欄「2，O」），其供給則為同表第「15，B」欄所示；表中這兩個數字相同，表示需求等於供給。

借貸市場的供給來自儲蓄加折舊，在表10.1中等於11,022、4,903和1,361百萬歐元（表10.1第O行所對應的10-12列）的總和，也就是17,286百萬歐元。借貸市場的需求來自投資，在表10.1中也等於17,286百萬歐元（表10.1欄「15，N」），表示需求等於供給。

問題來了：整個社會會計帳必須每個「行」的總和等於相對應的「列」，如果商品市場達到均衡，借

貸市場有可能不均衡嗎？反之，如果借貸市場達到均衡，商品市場有可能不均衡嗎？

不可能，這兩個市場是相依的，因為有「預算限制」：任何一個部門所有的收入加起來，必須等於支出加儲蓄；而社會會計帳就是「預算限制」最好的闡釋。我們永遠編不出一個社會會計帳，其中的商品市場是均衡的（需求等於供給），但借貸市場是不均衡的（需求不等於供給）；反之亦然。

六、新古典經濟理論的數學解釋

為了更精確地表達新古典理論，本節要借重一些數學。比較繁雜的公式，會放在本章的附錄1，在此我們先定義前一節中13個重點所觸及的變數，如表10.2。

表10.2　變數定義

編號	符號	定義	特性說明
1	X	國內生產總量	實質變數
2	P	X 的價格	名目變數
3	a	每生產一單位 X 所要用到的中間原料（又稱中間需求、中間投入或中間消費）數量	比率；假設不變
4	pr	每生產一單位 X 所要用到的資本消耗（又稱「折舊」）	比率；假設不變
5	K	用來生產 X 的期初資本量	實質變數；已經存在而無法改變的外生變數
6	L	用來生產 X 的勞動投入量	實質變數

編號	符號	定義	特性說明
7	V	用來生產 X 的中間需求量	實質變數
8	td	每生產一單位 X 所要繳納給政府的生產淨稅負（稅減補貼）	比率；假設不變
9	PN	X 的淨價格，也就是生產一單位 X 時，所得到價格 P 中，扣除中間需求、折舊、生產淨稅負，而可以分配給生產要素（勞動和資本）的部分	名目變數
10	f	生產函數，表達：X 的數量由 K、L 和 V 三個變數決定	函數
11	W	每單位勞動力的薪資	名目變數
12	L_s	總勞動供給	實質變數；已經存在而無法改變的外生變數
13	tss	薪資稅負，主要為社會保險的保費	比率；假設不變
14	RL	勞動收入總額	名目變數
15	RK	資本收入總額	名目變數
16	tk	資本收入需付的稅負，主要為營利事業所得稅	比率；假設不變
17	b_h	資本收入中分配給「家計單位」的比率	比率；假設不變
18	b_g	資本收入中分配給「一般政府」的比率	比率；假設不變
19	th	家計單位所繳納的稅負，主要為綜合所得稅	比率；假設不變
20	YH	家計單位總收入	名目變數
21	YG	一般政府總收入	名目變數

編號	符號	定義	特性說明
22	YK	企業總收入	名目變數
23	s_h	家計單位可支配所得（總收入扣除稅負）中用於儲蓄的比率	比率；假設不變
24	s_g	一般政府總收入中用於儲蓄的比率	比率；假設不變
25	sk	企業部門總收入中用於儲蓄的比率	比率；假設為 1
26	d_h	家計單位（因其生產行為）在折舊總數中所占的比率	比率；假設不變
27	d_g	一般政府（因其生產行為）在折舊總數中所占的比率	比率；假設不變
28	$1-d_h-d_g$	企業部門在折舊總數中所占的比率	比率；假設不變
29	TS	儲蓄（含折舊）總額	名目變數
30	C_h	家計部門實質消費量	實質變數
31	C_k	企業部門實質消費量	實質變數；假設為零
32	C_g	一般政府實質消費量	實質變數
33	C	總消費量	實質變數
34	r	實質利率	比率
35	Z_k	企業部門的（廣義）投資量	實質變數
36	Z_g	一般政府的（廣義）投資量	實質變數
37	Z_h	家計單位的（廣義）投資量	實質變數
38	X^d	對國內生產的總需求	實質變數

來源：作者製作。

依據附錄1，表10.2中變數依照新古典邏輯而組成的方程式一共有18條（見附錄之方程式10A.1.1-10A.1.18），而內生變數也有18個：X, V, PN, W, L, RL, RK, YH, YG, YK, TS, C_h, C_k, C_g, C, r, X^d 與 P。這個看起來有點複雜，但是18條方程式中大多是定義式或個別部門的行為方程式，真正屬於「市場機制」的核心方程式，只有3條，分別是勞動市場（式10A.1.5）、商品市場（式10A.1.18）和借貸市場（式10A.1.16）。這三個市場共同決定了名目薪資（W）、商品價格（P）與實質利率（r）這三個關鍵內生變數。

　　問題來了，附錄1已經證明商品市場和借貸市場不獨立，兩個市場中可以任意刪除其中一個，那就只剩下2條獨立的核心方程式，卻有3個內生變數，怎麼辦？這個體系可以有無窮個解值組合，而無法得到單一的答案。

　　為了得到單一解值，這三個內生變數中必須有一個轉為外生（exogenous），也就是不由此方程式體系決定，而是事前固定的。通常，我們會將 P 外生化，讓 P 等於一個外生的數目，例如：1（見附錄1之式10A.1.19）。[16]

---

16. 如果附錄1中的前18條方程式體系對所有價格和所得為零階齊次（homogeneous of degree zero in prices and incomes），也就是 W 和 P 同乘一數或同除一數（連帶

如此一來，整個體系就獲得了合理的解釋。讓 P 等於1，然後勞動市場決定了 W（名目薪資），借貸市場就決定了 r（實質利率）。

我們這個方程式系統裡沒有「貨幣」（鈔票或錢幣）存在，但讓 P 等於1，卻可以想像為我們處於一個用實物來做交易的社會，而用來做交易媒介的就是 X（例如1斗米）。所以 X 就等於是「實物貨幣」：勞動的薪資用 X 支付，中間產品用 X 去換得，勞動的所得是 X，家計單位用 X 去買消費品，營業盈餘是支付 X，儲蓄是累積 X 等。借貸市場的利率也是用 X 表示，例如年息百分之五，意思就是年初你借我100個 X，到年底我就要還你105個 X；這樣的利率，當然就是「實質利率」。

七、新古典解釋彙整

經過以上的處理，表10.1中每一個數字都得到了解釋。我們把新古典的解釋，用數學變數與符號表達在表10.3。

到由 W 和 P 所導出的所得），各方程式的等號都不會改變時，我們可以讓兩個獨立市場，決定兩個變數，一是實質薪資（W/P），另一是實質利率（r）。但若此性質不存在，就不能如此做。讓 P 外生等於1，就零階齊次或非零階齊次的情況都可以適用。非零階齊次並非不可能，例如政府外生地決定了政府消費的名目金額（不論所得多少），那零階齊次就被破壞了。詳見附錄1說明。亦可參見 Dervis-de Melo-Robinson（1982）。

表10.3 盧森堡模擬封閉經濟社會會計帳

			生產要素			
			綜合商品	國內生產	資本	勞動
			A	B	C	D
生產要素	綜合商品	1		$P \cdot a \cdot X$		
	國內生產	2	103,443			
	資本	3		RK		
	勞動	4		$W \cdot L$		
經常帳	企業	5			$(1-b_h-b_g) \cdot RK$	
	一般政府	6			$b_g \cdot RK$	
	家計單位	7			$b_h \cdot RK$	RL
	國外	8	-			
稅減補貼		9	-	$t_d \cdot P \cdot X$	$t_k \cdot (PN \cdot X - W \cdot L)$	$t_{ss} \cdot W \cdot L$
資本帳	企業	10		$P \cdot d_k \cdot pr \cdot X$		
	一般政府	11		$P \cdot d_g \cdot pr \cdot X$		
	家計單位	12		$P \cdot d_h \cdot pr \cdot X$		
	國外	13				
	貸出淨額	14				
合計		15	103,443	$P \cdot X$	13,199	16,136

表10.3 盧森堡模擬封閉經濟社會會計帳（續）

			經常帳				稅減補貼
			企業	一般政府	家計單位	國外	
			E	F	G	H	I
	綜合商品	1		$P \cdot C_q$	$P \cdot C_h$		
	國內生產	2				-	
生產要素	資本	3					
	勞動	4					
經常帳	企業	5	-	-	-	-	
	一般政府	6	-	-	-	-	$t_h \cdot YH + t_d \cdot P \cdot X$ $+ t_{ss} \cdot W \cdot L$ $+ t_k \cdot (PN \cdot X \text{-} W \cdot L)$
	家計單位	7	-	-	-	-	
	國外	8	-	-	-	-	
稅減補貼		9	-		-	$t_h \cdot YH$	-
資本帳	企業	10	$s_k \cdot YK$				
	一般政府	11		$s_g \cdot YG$			
	家計單位	12			$s_h \cdot YH \cdot$ $(1\text{-}t_h)$		
	國外	13				-	
	貸出淨額	14					
合計		15	8,545	9,836	13,123	-	

資本帳					合計
企業	一般政府	家計單位	國外	小計	
J	K	L	M	N	O
$P \cdot Z_k$	$P \cdot Z_g$	$P \cdot Z_h$		17,285	103,443
					103,443
					13,198
					16,136
					YK
					YG
					RH
					-
					9,709
	-	-	-		11,022
	-	-	-		4,903
	-	-	-		1,361
	-	-	-		-
$P \cdot d_k \cdot pr \cdot X$ $+ s_k \cdot YK - P \cdot Z_k$	$P \cdot d_g \cdot pr \cdot X$ $+ s_g \cdot YG - P \cdot Z_g$	$P \cdot d_h \cdot pr \cdot X$ $+ s_h \cdot YH - P \cdot Z_h$		1	
11,022	4,903	1,361		17,286	

註：表中 $d_k = 1 - d_h - d_g$。

來源：作者製作。

表10.3和表10.1的格式完全一樣，具有數字的部分也和該表一樣。唯一的不同在於，表10.1是統計數字，也就是社會真實的帳目呈現，而表10.3則依據新古典理論，賦予表10.1中每個數字的解釋。例如：表10.1中第1列和第B行的數字為69,636百萬歐元，而表10.3就說，這個數字等於$P \cdot a \cdot X$，也就是實質總產出（X）乘以中間消費比率（a），再乘以產出的價格（P）。

所以，依據方程式10A.1.2，中間消費的名目總額的來源，就是實質總產出103,443百萬歐元乘以中間消費的比率0.6732，再乘以X的價格（也就是1），而得到的。這欄的數字如此解釋，其餘各欄的公式就不再贅述了，讀者對照參看附錄1的方程式就一目了然。

八、會計帳中加入貨幣和金融

表10.1的表現單位是X，而X是一個實物，所以表10.1可以說是描述一個採取「實物交易」的社會。但這與實際不符，人類社會早已進入貨幣時代，我們必須正視貨幣的存在。

為了讓分析清晰、單純，我們做以下兩個假設：

1. 這個社會所用的貨幣，就是流通中的、由中央銀行發行的鈔券或硬幣，沒有其他種類的貨幣，如銀行支票存款、定期存款等等，都沒有。

2. 這個社會中所有需要投資資金的人，都用發行債券的方式處理，而所有有剩餘資金可用於累積金融資產的人，都用購入債券的方式處理；這個社會因而有債券市場。

3. 這個社會除了貨幣和債券之外，沒有其他金融商品。

　　做了以上三個假設，我們就可以把表10.1擴充到包含金融商品交易，也就是可以包含貨幣（流通中的通貨）和債券兩種金融商品。有兩種表現方法，分別寫在表10.4和表10.5。二者實質上相同，但故意用兩個方式表現，以方便說明和理解。

表10.4 盧森堡模擬封閉經濟金融社會會計帳（A版）

			綜合商品	國內生產	生產要素 資本	生產要素 勞動
			A	B	C	D
	綜合商品	1		69,636		
	國內生產	2	103,443			
生產要素	資本	3		13,198		
生產要素	勞動	4		16,136		
經常帳	企業	5			8,545	
經常帳	一般政府	6			127	
經常帳	家計單位	7			2,316	10,807
經常帳	國外	8				
稅減補貼		9		470	2,211	5,329
資本帳	企業	10		2,477		
資本帳	一般政府	11		602		
資本帳	家計單位	12		924		
資本帳	國外	13				
資本帳	貸出淨額	14				
非金融帳合計		15	103,443	103,443	13,199	16,136
金融資產增加	流通通貨	16				
金融資產增加	債券	17				
金融帳合計		18				

單位：百萬歐元

經常帳				稅減補貼
企業	一般政府	家計單位	國外	
E	F	G	H	I
	5,535	10,987		
				9,709
		1,699		
8,545				
	4,301			
		437		
8,545	9,836	13,123		9,709

來源：作者製作。

第十章　我們從「一本帳」學到什麼？

185

表10.4 盧森堡模擬封閉經濟金融社會會計帳（A版）（續）

			資本帳				
			企業	一般政府	家計單位	國外	小計
			J	K	L	M	N
	綜合商品	1	13,232	2,728	1,326		17,285
	國內生產	2					
生產要素	資本	3					
	勞動	4					
經常帳	企業	5					
	一般政府	6					
	家計單位	7					
	國外	8					
稅減補貼		9					
資本帳	企業	10					
	一般政府	11					
	家計單位	12					
	國外	13					
	貸出淨額	14	-2,210	2,176	35		1
非金融帳合計		15	11,022	4,903	1,361		17,286
金融資產增加	流通通貨	16			5		
	債券	17	5	2,176	30		
金融帳合計		18	5	2,176	35		

非金融帳合計	金融負債增加		金融帳合計
	流通通貨	債券	
O	P	Q	R
103,443			
103,443			
13,198			
16,136			
8,545			
9,836			
13,123			
9,709			
11,022	5	2,210	
4,903			
1,361			
			5
			2,211
	5	2,210	

註：「企業」含「非金融企業」與「金融企業」，後
　　者含「中央銀行」；「一般政府」不含「中央銀
　　行」。

來源：作者製作。

表10.4從第1-15列、從第 A-O 行，和表10.1完全一樣。它比表10.1多出了三列三行，就是列16-18與行P-R。從列來看，就是「金融資產增加」與「金融帳合計」；從行來看，就是「金融負債增加」與「金融帳合計」。基本上，表10.4要表達的，就是「企業」、「一般政府」和「家計單位」三個部門，用何種金融商品的交易，來處理它們個別的「貸出淨額」（欄「14，J-L」）。

　　例如：企業的貸出淨額為負2,210百萬歐元，表示企業本身儲蓄（含折舊）不足以支應其固定資本形成（含存貨變動），而需要向外借貸，而其方式就是發行債券，所以在這一期，企業在債券方面的金融負債增加了2,210百萬歐元（欄「10，Q」）。至於企業為何產生貨幣持有的變動，以下再解釋。

　　「一般政府」的貸出淨額是2,176百萬歐元，所以在這期購入了同額的債券（欄「17，K」）。「家計單位」的貸出淨額是35百萬歐元，我們假設它用於增持貨幣（流通通貨）5百萬歐元（欄「16，L」），以及購入30百萬歐元的債券（欄「17，L」）。

　　那中央銀行呢？依據國際通用的部門分類，中央銀行屬於「金融企業」，而表10.4中的「企業」部門，包含「非金融企業」和「金融企業」，自然也就包含

中央銀行。中央銀行爲了滿足家計部門增持貨幣，必須增額發出貨幣，而它用的方法，就是在債券市場購買債券，同時釋出貨幣；前者爲中央銀行新增的金融資產，後者則爲其新增的金融負債。在一般總體經濟教科書，這被稱爲「公開市場操作」。這就是爲何表10.4中「企業」部門的資本帳中，會同時出現增持債券（欄「17，J」）5百萬歐元和增加貨幣（流通通貨）的金融負債5百萬歐元（欄「10，P」）

　　表10.5是表10.4的另一個表現方式，它和表10.4的最大不同，就是在資本帳的橫列裡，沒有了「貸出淨額」這一列，也因此它第15列的「非金融帳合計」數字，就和表10.4不同。前者計入了「貸出淨額」，後者沒有。另外，表10.5多出了一列，就是第18列的「總計」；同理，表中第R行，也由表10.4的「金融帳合計」改爲整個列的「總計」。但這些只是會計表現的差異而已，兩個表沒有實質上的差別。

表10.5　盧森堡模擬封閉經濟金融社會會計帳（B版）

			綜合商品	國內生產	生產要素 資本	生產要素 勞動
			A	B	C	D
	綜合商品	1		69,636		
	國內生產	2	103,443			
生產要素	資本	3		13,198		
生產要素	勞動	4		16,136		
經常帳	企業	5			8,545	
經常帳	一般政府	6			127	
經常帳	家計單位	7			2,316	10,807
經常帳	國外	8				
稅減補貼		9		470	2,211	5,329
資本帳	企業	10		2,477		
資本帳	一般政府	11		602		
資本帳	家計單位	12		924		
資本帳	國外	13				
非金融帳合計		15	103,443	103,443	13,199	16,136
金融資產增加	流通通貨	16				
金融資產增加	債券	17				
總計		18				

經常帳				稅減補貼
企業	一般政府	家計單位	國外	
E	F	G	H	I
	5,535	10,987		
				9,709
		1,699		
8,545				
	4,301			
		437		
8,545	9,836	13,123		9,709

表10.5 盧森堡模擬封閉經濟金融社會會計帳（B版）（續）

			資本帳				
			企業	一般政府	家計單位	國外	小計
			J	K	L	M	N
	綜合商品	1	13,232	2,728	1,326		17,285
	國內生產	2					
生產要素	資本	3					
	勞動	4					
經常帳	企業	5					
	一般政府	6					
	家計單位	7					
	國外	8					
稅減補貼		9					
資本帳	企業	10					
	一般政府	11					
	家計單位	12					
	國外	13					
非金融帳合計		15	13,232	2,728	1,326		17,285
金融資產增加	流通通貨	16			5		
	債券	17	5	2,176	30		
總計		18	13,237	4,904	1,361		

單位：百萬歐元

非金融帳合計	金融負債增加		總計
	流通通貨	債券	
O	P	Q	R
103,443			
103,443			
13,198			
16,136			
8,545			
9,836			
13,123			
9,709			
11,022	5	2,210	13,237
4,903			4,903
1,361			1,361
			5
			2,211
	5	2,210	

註：1. 此表爲了能與表10.4比較，在列的編號部分故意省略了第14列（表10.4的「貸出淨額」），因而造成不連號。

2. 「企業」含「非金融企業」與「金融企業」，後者含「中央銀行」；「一般政府」不含「中央銀行」。

來源：作者製作。

表10.5給我們一個不同的視野，就是每一個部門對於可動用資金的安排，表現得更清楚。以「企業」為例，從第10列來看，「企業」（含中央銀行）的資金來源有四：⑴折舊（欄「10，B」）、⑵儲蓄（欄「10，E」）、⑶新發行流通通貨（欄「10，P」）、⑷新發行債券（欄「10，Q」）；而其資金的流向有三：⑴固定資本形成（欄「1，J」；等於13,232百萬歐元）、⑵新持有流通通貨（欄「16，J」；等於零）、⑶新持有債券（欄「17，J」；等於5百萬歐元）。「企業」如此，「一般政府」和「家計單位」同理可推。

九、含有貨幣市場和債券市場的基本模型結構

　　前面第六節以及與之搭配的附錄1中，在沒有貨幣和債券的狀況下，我們說核心方程式有三，分別是勞動市場（式10A.1.5）、商品市場（式10A.1.18）和借貸市場（式10A.1.16）。但在附錄1中我們證明，借貸市場其實可以從商品市場導出，也就是只要商品市場達到均衡，借貸市場就達到均衡，因此後者可以省略。那就只剩下兩個獨立市場：勞動市場和商品市場，在 $P=1$ 的假定下，這兩個市場決定了兩個變數，就是名目薪資（W）與實質利率（r）。

　　附錄2導入了貨幣市場和債券市場，也從方程式顯示了以下的重要關係：

1. 借貸市場表示廣義的儲蓄（含折舊）等於廣義的固定資本形成（含存貨變動），貨幣市場表示貨幣增額的需求等於供給，債券市場表示債券增額的需求等於供給。

2. 附錄1已經顯示，只要商品市場達到均衡，整個社會的借貸必然平衡，這表現在表10.4的欄「14，N」中：其數字為1，但這是四捨五入的結果，如果沒有四捨五入，此欄的數字為零，表示三個部門的「貸出淨額」加起來必等於零，也就是借貸必然平衡。

3. 表10.4或表10.5均顯示，貨幣（流通通貨）市場達到均衡時，貨幣持有的增加（表10.4或表10.5的第16列），其總數必然等於中央銀行（屬於「企業」部門；是唯一擁有貨幣發行權力，也就是增加貨幣負債權力的機構）貨幣負債的增加（表10.4或表10.5第P行中的欄「10，P」）。

4. 另，表10.4或表10.5均顯示，債券市場達到均衡時，各部門債券持有的增加（表10.4或10.5的第17列），其總數必然等於各部門債券負債（也就是債券發行）的增加（表10.4或表10.5的第Q行）。

5. 表10.5的第J、K、L行和第10、11、12列顯示，任一部門的（廣義）固定資本形成加其增加的貨幣（流通通貨）及債券持有，必然等於其（廣義）儲蓄加

貨幣負債及債券負債的增加。例如：表10.5中「家計單位」的（廣義）固定資本形成為1,326百萬歐元（欄「1，L」），增持貨幣為5百萬歐元（欄「16，L」），增持債券為30百萬歐元（欄「17，L」），總數為1,361百萬歐元（欄「18，L」），必然等於其折舊（欄「12，B」）加儲蓄（欄「12，G」）。用白話來說，家計單位有足夠的儲蓄加折舊，除了因應本身的固定資本形成外，還有餘力可以增持貨幣和債券。

6. 既然任一部門的（廣義）固定資本形成，加上其增加的貨幣（流通通貨）及債券持有，必然等於其（廣義）儲蓄加貨幣負債及債券負債的增加。把所有的部門加起來，一樣會有這個特性。所以就整個社會而言，借貸市場、貨幣市場、債券市場三者的超額需求（也就是需求減供給）加起來的總和必為零。用表10.5來看，借貸市場的超額需求是（廣義）固定資本形成17,285百萬歐元（表10.5欄「15，N」）減廣義儲蓄（含折舊）；後者為11,022百萬歐元（表10.5欄「10，O」）加4,903百萬歐元（表10.5欄「11，O」）加1,361百萬歐元（表10.5欄「12，O」），等於17,286百萬歐元（由於四捨五入，尾數與需求差1，實質上是相等）；故借貸市場超額需求等於零。同理可由表中看出貨幣和債券市場的超額

需求均等於零。既然如此，三個市場的超額需求加起來當然也等於零。

7. 「借貸市場」因為是商品市場的另一面，可以省略：只要商品市場均衡，借貸市場的超額需求加起來必然為零（見附錄1）；所以，「借貸市場、貨幣市場、債券市場三者超額需求加起來為零」的條件，隱含了「貨幣市場與債券市場二者超額需求加起來必為零」。這就表示，貨幣和債券市場二者中，任一達到均衡，另一必然均衡（見附錄2）；所以這兩個市場也是一體之兩面，其中有一個可以省略，一如過去早期總體經濟學者（如Don Patinkin）所言。

綜合上述，納入貨幣及債券後，整個核心的方程式有三，就是勞動市場、商品市場、貨幣或債券市場二擇一。假定我們選擇貨幣市場，捨債券市場，那三個核心市場就是勞動市場、商品市場和貨幣市場，共同決定三個核心內生變數，就是名目薪資 W、商品價格 P 和實質利率 r。

假定我們捨貨幣市場，選擇債券市場，三個核心市場就是勞動市場、商品市場和債券市場，共同決定同樣的三個核心內生變數，就是名目薪資 W、商品價格 P 和實質利率 r。

至此，整個總體經濟的體系完整成型。

十、貨幣市場和債券市場的變形運用：從釘住貨幣改為釘住利率

當然，在此基本體系下，可以有各種不同的變形（也就是不同的 closure rules），例如把 W（名目工資）固定，成為外生，就可以產生一個新的內生變數「失業率」。

再例如：把 r（利率）視為政策變數，成為外生，就會產生一個新的內生變數，就是名目貨幣供給的增加（ΔM_s），也就是中央銀行必須聽任貨幣供給自由調整到等於在此政策利率下所產生的貨幣需求。

我們當然也可以捨貨幣市場，留債券市場。如同附錄2所述，債券市場需求面中的「企業需求」是由兩個部分構成，一是中央銀行的增持債券，另一為其他企業之增持。如果留債券市場在方程式體系中，中央銀行的債券增持就成為政策變數。

和留貨幣市場一樣，在這樣的方程式配置中，對於利率也有兩種不同的處理方式，一是把中央銀行增購債券的名目值視為外生的政策變數，利率就是內生變數，由方程式體系決定（連同名目薪資和價格）。另一種方式，是把利率視為外生，由中央銀行的政策所決定，那中央銀行增購債券的名目值就成為內生：中央銀行為了維持政策利率，需要不斷地增購債券，一

直到債券市場所產生的利率，等於中央銀行外生決定的政策利率為止。後面這種方式，比較接近現今多數國家中央銀行的運作模式，也就是愈來愈多以利率為標的，愈來愈少以貨幣供給為控制對象。

但不論是那一種 closure rule，背後的方程式體系基本架構都是一樣，而在這些方程式體系背後的實際數據，其基本架構也一樣，就是本書一再闡述的「金融社會會計帳」。掌握了這本帳，才得以掌握總體經濟的精髓。

附錄1

一、要素市場與生產函數

生產函數

$$X = f(K, L, V) \qquad (10A.1.1)$$

中間消費需求

$$V = a \cdot X \qquad (10A.1.2)$$

淨價格

$$PN = P - a \cdot P - td \cdot P - pr \cdot P \qquad (10A.1.3)$$

名目薪資（勞動需求）

$$W = PN \cdot \partial f / \partial L \qquad (10A.1.4)$$

勞動市場均衡

$$L = L^s \qquad (10A.1.5)$$

二、商品市場與借貸市場

勞動報酬

$$RL = W \cdot L \cdot (1 - tss) \qquad (10A.1.6)$$

資本報酬

$$RK = (PN \cdot X - W \cdot L) \cdot (1 - tk) \qquad (10A.1.7)$$

家計單位所得

$$YH = b_h \cdot RK + RL \qquad (10A.1.8)$$

一般政府所得

$$YG = b_g \cdot RK + th \cdot YH + td \cdot P \cdot X + tss \cdot W \cdot L + tk \cdot (PN \cdot X - W \cdot L) \qquad (10A.1.9)$$

企業所得

$$YK = (1 - b_h - b_g) \cdot RK \qquad (10A.1.10)$$

總儲蓄

$$TS = sh \cdot YH \cdot (1 - th) + sg \cdot YG + sk \cdot YK + P \cdot d_h \cdot pr \cdot X +$$

$$P \cdot d_g \cdot pr \cdot X + P \cdot (1 - d_h - d_g) \cdot pr \cdot X \qquad (10A.1.11)$$

家計單位消費

$$C_h = (1/P) \cdot (1 - sh) \cdot YH \cdot (1 - th) \qquad (10A.1.12)$$

企業消費

$$C_k = (1/P) \cdot (1 - sk) \cdot YK \qquad (10A.1.13)$$

一般政府消費

$$C_g = (1/P) \cdot (1 - s_g) \cdot YG \qquad (10A.1.14)$$

消費需求合計

$$C = C_h + C_k + C_g \qquad (10A.1.15)$$

借貸市場

$$Z_k(r) + Z_g(r) + Z_h(r) = (1/P) \cdot TS \qquad (10A.1.16)$$

商品需求合計

$$X^d = C + Z_k(r) + Z_g(r) + Z_h(r) + V \qquad (10A.1.17)$$

商品市場均衡

$$X^d = X \qquad (10A.1.18)$$

價格水準

$$P = 1 \qquad (10A.1.19)$$

三、方程式系統

　　以上共有描述新古典市場均衡的18條方程式（式10A.1.1–10A.1.18），以及一條絕對價格等於1的固定名目價格式（10A.1.19）。可以證明，前18條方程式彼此不獨立，因為方程式（10A.1.18）可由方程式（10A.1.6）–（10A.1.17）導出：

$$X^d = C + Z(r) + V$$
$$= (1/P)\cdot(1 - s_h)\cdot YH\cdot(1 - th) + (1/P)\cdot(1 - s_k)\cdot YK + (1/P)\cdot(1 - s_g)\cdot YG + (1/P)\cdot[s_h\cdot YH\cdot(1 - th) + s_g\cdot YG + s_k\cdot YK + P\cdot pr\cdot X] + V$$
$$= (1/P)\cdot W\cdot L + (1/P)\cdot(td\cdot P\cdot X) + (1/P)\cdot(PN\cdot X - W\cdot L) + pr\cdot X + V$$
$$= (1 - a - td - pr)\cdot X + td\cdot X + pr\cdot X + a\cdot X$$
$$= X \qquad (10A.1.20)$$

　　同理可證，方程式（10A.1.16）可由（10A.1.6）–（10A.1.15）及（10A.1.17）、（10A.1.18）導出。故市場均衡18條方程式系統中只有17條獨立方程式，無法決定18個內生變數：$X, V, PN, W, L, RL, RK, YH, YG, YK, TS, C_h, C_k, C_g, C, r, X^d$ 與 P。

　　如果這17條市場均衡的獨立方程式有零階齊次性，也就是薪資和價格均乘以同一個比率，則各方程式等號不變，那我們可以改定義17個內生變數如下：$X, V, PN/P, W/P, L, RL/P, RK/P, YH/P, YK/P, YG/P, TS/P, C_h, C_k, C_g, C, r$ 與 X^d，整個體系還是完整的，有唯一的解。

　　如沒有零階齊次性，那就必須用方程式（10A.1.19）

把名目價格固定。所以，保留方程式（10A.1.19）應該是首選，因為無論零階齊次是否成立，它均可以適用。也就是說，在方程式系統（10A.1.1）–（10A.1.18）中，我們可以拿走借貸市場（10A.1.16）或商品市場（10A.1.18）二式中的任一式，剩下17條獨立方程式；再配合固定名目價格的（10A.1.19），共有18條獨立方程式，剛好可以決定上述的18個內生變數。

四、延伸到開放經濟

本章所描述的是閉鎖經濟，但要延伸到開放經濟並不困難。基本上，額外需要設定的方程式如下：

1. 出口：國外對本國出口的需求，會是本國物價、國外物價、匯率及世界貿易量的函數。

2. 進口：本國各項需求（中間需求、民間消費、政府消費、固定資本形成及存貨變動）所使用進口和國產品之間的比率，取決於進口價格（國外價格乘以匯率並加關稅）與本國價格的相對水準。此比率決定後，即可依照各項加總需求量決定進口量。

3. 國際收支：對外匯的需求，包含進口及支付予國外的移轉支出等，減外匯的供給，包含出口及來自國外的移轉收入等，其差額必須等於國際資本流出。這條方程式就是外匯市場。如果採固定匯率制，匯率是外生變數，國際資本流出是內生變數（可正可負，負代表流入）；如採浮動匯率制，匯率是內生變數，而國際資本流出成為外生變數。

附錄2

一、方程式系統

先定義下列各變數：

ΔLM_i：i 部門對於實質貨幣（流通通貨）需求之增加，$i = k$（企業），g（一般政府），h（家計單位）。

ΔM_s：名目貨幣供給之增加。

ΔRB^d_i：i 部門對於實質債券餘額需求之增加，$i = k, g, h$。

ΔRB^s_i：i 部門對於實質債券餘額供給之增加，$i = k, g, h$。

表10.5中第 J-Q 行與第10-17列之各部門資本帳及金融帳收支，用方程式表示如下：

1. 企業部門（含中央銀行）：

$P \cdot Z_k + P \cdot \Delta LM_k + P \cdot \Delta RB^d_k$（表10.5中第J行）

$= s_k \cdot YK + P \cdot (1 - d_h - d_g) \cdot pr \cdot X + \Delta M_s + P \cdot \Delta RB^s_k$（表10.5中第10列）　　　　　　　　　　（10A.2.1）

2. 一般政府（不含中央銀行）：

$P \cdot Z_g + P \cdot \Delta LM_g + P \cdot \Delta RB^d_g$（表10.5中第K行）

$= s_g \cdot YG + P \cdot d_g \cdot pr \cdot X + P \cdot \Delta RB^s_g$（表10.5中第11列）

　　　　　　　　　　　　　　　　　　　（10A.2.2）

3. 家計單位：

$P \cdot Z_h + P \cdot \Delta LM_h + P \cdot \Delta RB^d_h$（表10.5中第 L 行）

$= s_h \cdot YH \cdot (1 - th) + P \cdot d_h \cdot pr \cdot X + P \cdot \triangle RB^s_h$ （表10.5中第

12列） （10A.2.3）

則貨幣市場（表10.5中第16列與第P行）可表現爲：

$\Sigma_i P \cdot \triangle LM_i = \triangle M_s, i = k, g, h$ （10A.2.4）

債券市場（表10.5中第17列與第Q行）可表現爲：

$\Sigma_i P \cdot \triangle RB^d_i = \Sigma_i P \cdot \triangle RB^s_i, i = k, g, h$ （10A.2.5）

式（10A.2.1）-（10A.2.3）的加總爲：

$\Sigma_i P \cdot Z_k(r) + \Sigma_i P \cdot \triangle LM_i + \Sigma_i P \cdot \triangle RB^d_i$

$= s_k \cdot YK + s_g \cdot YG + s_h \cdot YH \cdot (1 - th) + P \cdot pr \cdot X + \triangle M_s +$

$\Sigma_i P \cdot \triangle RB^s_i$ （10A.2.6）

表示就借貸、貨幣與債券市場三者加總而言，全社會超額需求（需求減供給）的總和必等於零。

依據式（10A.1.11）與（10A.1.16），

$\Sigma_i P \cdot Z_k(r) = s_k \cdot YK + s_g \cdot YG + s_h \cdot YH \cdot (1 - th) + P \cdot pr \cdot X$

（10A.2.7）

也就是借貸市場在商品市場均衡的狀態下，各部門的超額需求總和必爲零。

代入式（10A.2.6），可得：

$\Sigma_i P \cdot \triangle LM_i + \Sigma_i P \cdot \triangle RB^d_i = \triangle M_s + \Sigma_i P \cdot \triangle RB^s_i$

（10A.2.8）

表示就貨幣和債券市場的加總而言，各部門超額需求總和必為零。

由此可見，式（10A.2.4）的貨幣市場和式（10A.2.5）的債券市場並非獨立，任一市場達成均衡，就表示另一市場也達到均衡。

二、對於債券市場的補充說明

上述式（10A.2.5）的債券市場中，可以用另一個更精確的方式來表達：$P \cdot \triangle RB_k^d$ 是由兩部分組成，一是中央銀行增持債券的名目額，二是其他企業部門增持債券的名目額；前者是一個政策變數，是 $\triangle M_s$ 的另一面：當央行進行公開市場操作時，就是在債券市場購買債券，釋出貨幣。

在總體經濟模型的基本版中，利率是內生變數，而貨幣供給的增額（$\triangle M_s$）是外生的政策變數（捨債券市場而留貨幣市場時適用）；但如捨貨幣市場而留債券市場時，中央銀行所增持債券的名目額就成為外生的政策變數。

第十一章

對於未來的期待：
從系統分析中學習

「一本帳」要表達的最核心理念，就是人民實際、貼身的生活最重要。如果實際生活過得好、安定、繁榮、薪水買得起房、養得起小孩、未來職業有前景，就代表百姓普遍得利，「利及天下」，成就了墨家思想的終極目標。

一、不要喪失希望

本書的重點在介紹金融社會會計帳，還有相關的不同部門的財富帳。如同前一章所指出，在不同的經濟體，這些帳都指向一個不利於世代公平的現象，就是財富分配已經相當不平均，所得低的家庭其收入不足以餬口，儲蓄為負，富有的家庭擁有大多數的房地產和金融資產，此二者的價格還伴隨低利率時代的來臨而逐步攀高，所以不平均的程度愈來愈高。

對於這一代的青年而言，這些都是既成事實，他們必須面對。他們的薪水漲得慢，但物價和房價都漲得快。這樣說起來，未來不是沒希望了嗎？

不會。不能，也不必喪失希望。

本書的一本帳，也就是金融社會會計帳，是對過去的描述，也就是對既成事實的描述，不是對於未來的描述。然而，就像過去曾發生過改變，未來也會發生改變。

以作者數年前出版的另一本書《美國夢的破碎與重建：從總統大選看新冷戰與國家學習能力》[17]為例，該書描述美國從內戰結束到1900年大約三分之一世紀，是工業和鐵路快速發展時期，但也是貧富差距空前擴

---

17. 朱雲鵬、吳崇涵、歐宜佩合著，2020，台北：時報文化。

大的時代。名作家馬克・吐溫把那個時代稱為「鍍金時代」（the Gilded Age），也就是表面上金光閃閃，內涵則充滿了不平均和貧窮。

在那個時代，美國製造業超過三分之一的產量，由頂端百分之一的廠商所生產。許多行業例如鐵路、石油、鋼鐵、採礦、火柴、香菸都由跨州的托拉斯（trusts）所壟斷；而且由於參議員採間接選舉，大多數由托拉斯「認養」。鐵路的鋪設尤其改變了農民的命運，他們的農產品必須因此付出高昂的運輸和儲存費用，導致農民所得銳減。

如果說貧富不均，那個時代一定比現在還嚴重得很多。後來呢？農民起來反抗，發生農民運動，而且影響到政黨競爭。工人運動一樣頻繁，事實上，現在五一勞動節的由來就是美國在1886年5月1日所發生的乾草市場不幸事件；從那次事件後，才產生了工作時間以每天8小時為限的國際制度。

1900年老羅斯福（Theodore Roosevelt）當選副總統，次年因總統遭刺殺而繼任總統，開始反托拉斯的改革，壟斷的情況才獲得控制。1930年代的大蕭條之後，小羅斯福（Franklin Roosevelt）開始新政（the New Deal），更為中等或中下階層百姓得到基本社會安全，邁出重大的里程碑。

所以，政治會變，政黨會變，政策會變。[18]

科技和產業也會變。老一代的人享有高薪資成長和合理房價，但當時沒有個人電腦、手機和網路。我們看全球上市公司的總市值，在1980年，前十名的公司中，第二名以及第四到第十名，一共八家公司，在10年後的1990年，都落榜了。1980年第一名的IBM，到了1990年退為第七名，此後有時落榜、有時進榜，但在2003年曾經列為第十名後，就再也沒有進榜過。1990年的前七名都是日本公司，但後來也逐漸落榜了。

到了2018年，前十名分別是蘋果（Apple）、谷歌的母公司Alphabet、微軟（Microsoft）、亞馬遜（Amazon）、臉書（Facebook，後改名為Meta）、騰訊、巴菲特的波克夏·海瑟威（Berkshire Hathaway）、阿里巴巴、嬌生（Johnson & Johnson）以及摩根大通銀行（JPMorgan Chase）。這十家，沒有一家出現在1990年的前十名榜中。

所以，政權會變、政策會變、世界會變、產業會變、財富的來源也會變；不要把既有的障礙視為永久。最重要的是學習：學習超越既有的障礙、學習把

18. 有關開發中國家因採取改革政策而使發展或轉型成功的經驗，請參見朱雲鵬（2010）。資料來源：https://topforeignstocks.com/2021/05/17/the-largest-companies-by-market-value-change-over-time/。

握現在的機會、學習創造成功的途徑，把逆境轉化爲發展機會。

二、系統分析的擴充：彌補新古典理論的不足之處

金融社會會計帳的可貴，在於它對經濟活動的運行，提供了一套系統性的數字描述。從而把許多相關的觀念和變數，經由這套帳連接在一起，構成一個體系。用體系的觀念來學習經濟和商業運行、財富累積，了解我們所處的社會，是有效學習的第一步。

本書所說的金融社會會計帳，只是眞正完整社會體系的一部分，但應該是很基礎的一個部分。

我們在上一章的附錄，提供了新古典理論的方程式解釋；這樣的解釋，被稱爲可計算一般均衡模型（computable general equilibrium 或 CGE models），就是一個完整體系的概念。[19]於是，新古典理論從完全競

---

19. 有關可計算一般均衡模型的文獻，可參閱：經建會綜合計畫處（1990），朱雲鵬、王連常福（1994），朱雲鵬（1995），郭瑾瑋、朱雲鵬、林師模（2001），林幸君等（2015），劉瑞文等（2018），林師模、劉峰瑋、林晉勗（2016），周裕豐、朱雲鵬、林師模（2001），以及Chu(1994), Chu-Lin-Kuo(2002), Fargeix and Sadoulet(1990), Wiebelt(2004), Xiao(2009), Taylor(2011), Haqiqi and Mirian(2015), Beyers et al(2020), Burfisher(2021)。

爭市場、個別廠商追求利潤最大、個別消費者追求效用最大出發，對於整個經濟活動的運行，提供了那個理論的解釋。但是，如前所述，新古典理論不是唯一的解釋，有不少與現實社會有差異，需要再調整和補充。

　　一個更完整的經濟活動系統分析，至少應該還要包含「政府角色」：實際社會中的政府角色，絕不止於上述模型所說的課稅、消費和儲蓄。政府是政治力量和經濟力量產生交集的社會力量角力場。透過中央和地方政府，有些利益團體取得特殊的資訊和利益，導致其他人的損失。所以，一個真正完整的系統分析，應該要把政府部門的運作納入。

　　需要納入的政府運作單元，至少有：

1. 土地變更：各國地方政府都和土地有關，土地的徵收和轉移使用，是當今世界上不斷在上演的最大財富創造途徑。應該有一個都市開發和土地使用變更的完整系統分析。

2. 政府控制事業：在台灣，政府直接控制經濟活動的比率很大，政府可直接或間接控制企業的營收，大約占全體上市公司營收約20%。在政府是經濟發展的火車頭時代，這樣的龐大力量對經濟發展有利；但一旦政治狀況成為政黨競爭和民粹掛帥，這股龐

大的經濟力量，就對政黨和政治人物產生「致命的吸引力」，角逐利益的「追租政客」會出現，政府成為非市場體系的最大利益重分配機構。於是，政府控制事業的一舉一動，都有「利益」兩個字在考量，包含政治利益和金錢利益，包含主管的委任、採購、供應等。詳見Chu（2023）的分析。[20]

3. 政府政策：所有政策都影響經濟活動，包含課稅、補貼、投資、國防、勞工、金融、治安、土地、環境、教育、科技、交通、通訊與傳播、人民團體管理、選舉規則等。

4. 兩岸、國際與國防政策：對於台灣而言，兩岸政策對於經濟活動有重大的影響，也應納入系統分析。

三、社會力的分析：從靜態到動態，從片面到全面

1970年7月，張紹文、張景涵（張俊宏）、許仁真（許信良）、包青天（包奕洪）四位作者，在當時的《大學雜誌》發表了〈台灣社會力的分析〉一文，影響重大。這篇長文，分析了台灣當時「舊式地主」、

---

20. 見Yun-Peng Chu, 2023, "The Mutinous Mutation of the Developmental State in Taiwan Revisited," 收編於 John Fuh-Sheng Hsieh and Robert Henry Cox 主編：*Democratic Governance in Taiwan*, London and New York: Routledge。

「農民及其子弟」、「知識青年」、「財閥、企業幹部及中小企業者」、「勞工」及「公務人員」六個族群的行為模式，企圖尋找出後續會發展出來的社會動力。這樣的分析，是系統性分析社會現象的一個重要里程碑。

任何一個社會的發展，都是動態的。前述金融社會會計帳，就算加入政府角色，也還是靜態的。要掌握未來的發展，必須重視社會力的來源、消長與變更。卡爾‧馬克思的《資本論》和列寧的《無產階級社會主義論》，也都可以視為是社會力分析的一種。

分析台灣的社會力，有以下的角度不能忽視：

1. 對中小學生的灌輸：課綱反映執政者的意識型態，也形塑了未來世代青少年「被灌輸」的意識型態。灌輸的效果因人、因家庭背景而異，而且這些型態隨著年齡的增長和經驗的累積，可能改變。但是畢竟這個被灌輸的理念，在這些選民的成長初期，會有其效果。

2. 媒體對受眾者的灌輸：老師和課本把其意識型態灌輸給學生，媒體則設法把其意識型態灌輸給受眾。而媒體包含平面媒體、電子媒體和社群媒體。無論那一種，背後的力量都是資金。有資金就可以買媒體，也可以養「網軍」，來相當程度「控制」社群

媒體的走向。資金怎麼來，可以從一般市場行爲中賺來，也可以來自政府直接或間接的給予。由此可見，如果一個國家走入「金權政治」，其結果將形成一個政權、媒體與選民（受衆）的封閉圈，成爲進步與改變的障礙。

3. 實際受衆的覺悟：以上這些繼續下去的社會動力，還是會面臨來自選民實際生活的檢驗。教科書可以灌輸學生政治思想，媒體可以教唆選民投票給特定團體，但是這些選民最後如果生活上遭到痛苦，還是會覺悟過來，引發變動。

4. 本書的「一本帳」反映實際生活：「一本帳」要表達的最核心理念，就是人民實際、貼身的生活最重要。如果實際生活過得好、安定、繁榮、薪水買得起房、養得起小孩、未來職業有前景，就代表百姓普遍得利，「利及天下」，成就了墨家思想的終極目標。如果實際生活面臨戰爭的危險、不安定、薪水跟不上房價、養不起小孩、財富分配愈來愈不平均，那就是「苦民滿街」，代表未來可能會有大變化。

四、金恩博士：「我有一個夢」

作者在美國擔任史丹佛大學訪問學者時，曾住在柏克萊市。所住的街道，沿途都是大樹，林蔭天成，

原名為「樹林街」（Grove Street），後來為了紀念美國人權運動領袖，改名為「馬丁‧路德‧金恩二世大道」（Martin Luther King Junior Way）。

金恩博士生前推動美國黑白平權運動，堅持理想，採取非暴力的手段，深獲各界敬重。如同作者在另一本著作所言，美國在1868年修憲中給予黑人公民身分，但沒有說給投票權；1870年修憲明訂黑人有投票權，但各州想出了很多方法阻撓黑人投票，包含識字測驗（當時許多黑人不識字）、人頭稅（當時很多黑人繳不起稅）等。

1955年開始，金恩等人在全美推動民權運動，抗議對黑人的投票障礙。1963年，他發起在首都華盛頓的大遊行，向25萬參加者發表了一個著名的演說，題目為「我有一個夢」（I Have A Dream）。

其名句為：「朋友們，今天我對你們說，在此時此刻，我們雖然遭受種種困難和挫折，我仍然有一個夢想……我夢想有一天……真正實現……不言而喻的真理：人人生而平等。我夢想有一天，我的四個孩子將在一個不是以他們的膚色，而是以他們的品格優劣來評價他們的國度裡生活。」

人人平等的理念，貫穿本書。從這個理念，我們串聯了戰國時代的墨子，到近代的羅爾斯。從這個理

念，我們將庶民的家庭記帳，延展到整個國家和社會的生產與分配帳、資產負債的帳以及財富累積的帳。

在這個時代，有很多的不平等，包含當代之間的不平等和跨世代之間的不平等。但是在人類的每一個歷史階段，在每一個社會，都有它不同的不平等問題與課題。關鍵在於是否有有志之士，針對這些課題提出主張，要求改變，進而造就風潮，引領時代的進步。

參考書目

中文

朱雲鵬、王連常福，1994，《台灣可計算一般均衡模型之改進》，行政院經建會（現名國家發展委員會）。

朱雲鵬，1995，〈貿易自由化對資源配置與所得分配之影響：一般均衡分析〉，《台灣經濟學會年會論文集》，加入WTO對台灣經濟之衝擊學術研討會。

朱雲鵬，2010，《關鍵處方：引領新興國家走向富強的人物和作為》，台北：美商麥格羅希爾國際股份有限公司台灣分公司。

朱雲鵬、吳崇涵、歐宜佩，2020，《美國夢的破碎與重建：從總統大選看新冷戰與國家學習能力》，台北：時報文化。

行政院經濟建設委員會（現名國家發展委員會）綜合計畫處，1990，〈台灣可計算一般均衡模型之研究——九部門實質面與金融業模型〉，《自由中國之工業》，73卷第4期，1至20頁。

林幸君、李慧琳、許聖民、林國榮、李篤華、張靜貞、徐世勳，2015，〈少子化與高齡化下的台灣人口預測與經濟分析〉，《台灣經濟預測與政策》，46卷第1期，113至156頁。

林師模、劉峰瑋、林晉勗，2016，〈兩岸製造業專業分工型態變化與競爭關係之變遷〉，《台灣經濟預測與政策》，47卷第1期，107至144頁。

林毅夫、蔡昉、李周，2017，《中國經濟改革與發展（二版）》，台北：聯經出版。

周裕豐、朱雲鵬、林師模，2001，〈事業廢棄物減量的效果：可計算一般均衡模型之分析及綠色國民生產觀念之應用〉，《台灣經濟學會2000年會論文集》。

郭瑾瑋、朱雲鵬、林師模，2001，〈空氣汙染分析：一般均衡模型與綠色國民生產觀念之應用〉，中央研究院經濟所：2001年環境資源經濟、管理暨系統分析學術研討會。

梁啓超，1957，《墨子學案》，台北：台灣中華。

墨翟，孫詒讓編，1994，《墨子・經說下》，台北：華正書局。https://ctext.org/mozi-jiangu/jing-shuo-xia/zh。

劉瑞文、許聖民、林幸君、謝德衍、張靜貞、徐世勳，2018，〈政府擴大公共建設投資支出對我國總體經濟、財政及所得分配影響之動態一般均衡分析〉，《台灣經濟預測與政策》，48卷第2期，41至78頁。

英文

Anderson, Richard G., Michael Bordo, and John V. Duca, 2017, "Money and Velocity During Financial Crises: From the Great Depression to the Great Recession," *Journal of Economic Dynamics and Control*, 81, 32-49.

Aslan, M., 2007, "The construction of a financial social accounting matrix for the Turkish economy with 1996 data," *Anadolu University Journal of Social Sciences*, 7(1), 287-306.

Ayadi, M. and H. Hadj Salem, 2014, "Construction of Financial Social Accounting Matrix for Tunisia," *International Journal of Business and Social Science*, 5(10), 216-221.

Beyers, C. F. J., A. De Freitas, K. A. Essel-Mensah, et al, 2020, "A computable general equilibrium model for banking sector risk assessment in South Africa," Ann Finance, 16, 195-218, https://doi.org/10.1007/s10436-020-00362-4.

Burfisher, Mary E., 2021, *Introduction to Computable General Equilibrium Models*, 3rd Edition, Cambridge: Cambridge U. Press.

Chu, Yun-Peng, 1994, "Taiwan's External Imbalance and Structural Adjustment: A General Equilibrium Analysis," *Asian Economic Journal*, 8, 85-114.

Chu, Yun-Peng, S.-M. Lin, and J.-W. Kuo, 2002, "Analyzing Taiwan's Air Pollution: An Application of the CGE

Model and the Concept of Green National Product," *The 5th Annual GTAP Conference.*

Chu, Yun-Peng, 2015a, "Excessive Credits and the 'Lost Decades' in Growth Performance," in Chu, Y.-P. (ed.), *Lost Decades in Growth Performance: Causes and Case Studies*, Palgrave Macmillan Studies in Economics and Banking, London: Palgrave Macmillan, https://doi. org/10.1057/9781137478757_1, pp. 1-19.

Chu, Yun-Peng, 2015b, "Taiwan's Lost Decades: Populism and Internal Contradiction," in Chu, Y.-P. (ed.), *Lost Decades in Growth Performance: Causes and Case Studies*, Palgrave Macmillan Studies in Economics and Banking, London: Palgrave Macmillan, https://doi. org/10.1057/9781137478757_1, pp. 113-163.

Chu, Yun-Peng and Yi-Pey Ou, 2022, "Has the Rise of China's Domestic Supply Chain Contributed to Its GDP Increases?," *Applied Economics*, https://doi.org/10.1080/ 00036846.2022.2097182.

Chu, Yun-Peng, 2023, "The Mutinous Mutation of the Developmental State in Taiwan Revisited," in John Fuh-Sheng Hsieh and Robert Henry Cox (eds.), *Democratic Governance in Taiwan*, London and New York: Routledge.

Dervis, K., J. de Melo, and S. Robinson, 1982, *General Equilibrium Models for Development Policy*, Cambridge: Cambridge University Press.

Emini, C. and H. Fofack, 2004, "A Financial Social

Accounting Matrix for the Integrated Macroeconomic Model for Poverty Analysis Application to Cameroon with a Fixed-Price Multiplier Analysis," World Bank Policy Research Working Paper 3219.

Fargeix, A. and E. Sadoulet, 1990, "A Financial Computable General Equilibrium Model for the Analysis of Ecuador's Stabilization Programs," OECD Development Centre Working Papers, No. 10, Paris: OECD Publishing, https://doi.org/10.1787/436433611137.

Friedman, Milton and Anna J. Schwartz, 1982, *Monetary Trends in the United States and the United Kingdom: Their Relation to Income, Prices, and Interest Rates, 1867-1975*, Chicago: U. of Chicago Press.

Giordana, Gaston A. and Ingmar Schumacher, 2013, "Bank Liquidity Risk and Monetary Policy: Empirical Evidence on the Impact of Basel III Liquidity Standards," *International Review of Applied Economics*, 27:5, 633-655, DOI: 10.1080/02692171.2013.778821.

Haqiqi, Iman and Narges Mirian, 2015, *A Financial General Equilibrium Model for Assessment of Financial Sector Policies in Developing Countries*, Munich Personal RePEc Archive, https://mpra.ub.uni-muenchen.de/95841/.

Hubic, Amela, 2012, "A Financial Social Accounting Matrix (SAM) for Luxembourg," Central Bank of Luxembourg: BCL working papers No. 72.

Hwa, Erh-Cheng and Yang Lei, 2010, "China's Banking

Reform and Profitability," *Review of Pacific Basin Financial Markets and Policies*, 13:2, 215-236, SSRN: https://ssrn.com/abstract=1633372.

Li, J., 2008, "The Financial Social Accounting Matrix for China, 2002, and Its Application to a Multiplier Analysis," *Forum of International Development Studies*, 36, 215-239.

Liu, J., S. Lin, Y. Xia, Y. Fan and J. Wu, 2015, "A Financial CGE Model Analysis: Oil Price Shocks and Monetary Policy Responses in China," *Economic Modelling*, 51, 534-543.

Rawls, John, 1971, *A Theory of Justice*, Cambridge, MA: Belknap Press of Harvard University Press.

Taylor, Lance, 2011, "CGE Applications in Development Economics," Schwartz Center for Economic Policy Analysis, Department of Economics, The New School for Social Research, Working Paper No. 2011-1, https://www.economicpolicyresearch.org/insights-blog/download/52_a3fa9629b87962c5b28d90f5333c1eee.

Werner, Richard A., 1997, "Towards a New Monetary Paradigm: A Quantity Theorem of Disaggregated Credit, with Evidence from Japan," *Kredit und Kapital*, 30, 276-309.

Werner, Richard A., 2001, *Princes of the Yen: Japan's Central Bankers and the Transformation of the Economy*, New York: M.E. Sharpe.

Wiebelt, Manfred, 2004, "GEM-PIA: A Real-Financial General Equilibrium Model for Poverty Impact Analysis - Technical Description," Kiel Institute for World Economics, Working Paper No. 1230, https://www.files. ethz.ch/isn/102387/kap1230.pdf.

Xiao, Jingliang, 2009, *A Dynamic Applied Financial General Equilibrium Model of the Chinese Economy*, (unpublished Ph.D. dissertation), Melbourne: Department of Economics, Monash University.

國家圖書館出版品預行編目(CIP)資料

從一本帳看懂經濟學 ： 揭開人生和財富的奧
祕 / 朱雲鵬著. -- 初版. -- 臺北市：五南
圖書出版股份有限公司, 2023.07
　　面 ；　　公分
ISBN 978-626-366-069-4(平裝)
1.CST: 經濟學
550　　　　　　　　　　　　112006355

1M2A

從一本帳看懂經濟學： 揭開人生和財富的奧祕

作　　者 ― 朱雲鵬

責任編輯 ― 唐　筠

文字校對 ― 許馨尹　黃志誠　林芸郁

封面設計 ― 俞筱華

發 行 人 ― 楊榮川

總 經 理 ― 楊士清

總 編 輯 ― 楊秀麗

副總編輯 ― 張毓芬

出 版 者 ― 五南圖書出版股份有限公司

地　　址：106臺北市大安區和平東路二段339號4樓

電　　話：(02)2705-5066　　傳　　真：(02)2706-6100

網　　址：https://www.wunan.com.tw

電子郵件：wunan@wunan.com.tw

劃撥帳號：01068953

戶　　名：五南圖書出版股份有限公司

法律顧問　林勝安律師

出版日期　2023年7月初版一刷

定　　價　新臺幣400元

經典永恆・名著常在

五十週年的獻禮 —— 經典名著文庫

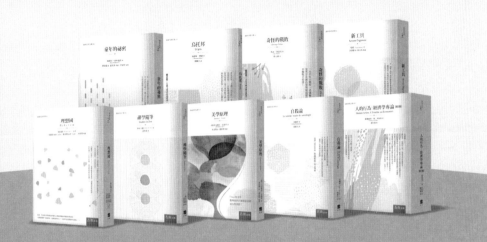

五南，五十年了，半個世紀，人生旅程的一大半，走過來了。

思索著，邁向百年的未來歷程，能為知識界、文化學術界作些什麼？

在速食文化的生態下，有什麼值得讓人雋永品味的？

歷代經典・當今名著，經過時間的洗禮，千錘百鍊，流傳至今，光芒耀人；

不僅使我們能領悟前人的智慧，同時也增深加廣我們思考的深度與視野。

我們決心投入巨資，有計畫的系統梳選，成立「經典名著文庫」，

希望收入古今中外思想性的、充滿睿智與獨見的經典、名著。

這是一項理想性的、永續性的巨大出版工程。

不在意讀者的眾寡，只考慮它的學術價值，力求完整展現先哲思想的軌跡；

為知識界開啟一片智慧之窗，營造一座百花綻放的世界文明公園，

任君遨遊、取菁吸蜜、嘉惠學子！